TRINITY

HeatherAsh Amara

Göttinnen lieben sich selbst

Werde die Frau, die du wirklich bist

Aus dem Amerikanischen von
Andrea Löhndorf

TRINITY

Die amerikanische Originalausgabe erschien 2015 unter dem Titel »The Warrior Goddess Training« bei Hierophant Publishing, San Antonio, Texas, USA.

MIX
Papier aus verantwortungsvollen Quellen
FSC
www.fsc.org
FSC® C014889

1. Auflage
Deutsche Erstausgabe

Trinity Verlag in der Scorpio Verlag GmbH & Co. KG, München
Übersetzung: Andrea Löhndorf
Umschlaggestaltung: Guter Punkt unter Verwendung von Motiven von Adobestock und Gettyimages
Layout und Satz: Danai Afrati & Robert Gigler, München
Druck und Bindung: Pustet, Regensburg
ISBN: 978-3-95550-272-0

www.trinity-verlag.de

Dieses Buch ist allen Frauen auf diesem wundervollen Planeten gewidmet. Mögen wir die wilde Liebe der Kriegerin zurückgewinnen und die Weisheit der Göttin leben, um Balance und Harmonie auf der Erde zu erschaffen.

Und es kam der Tag, da das Risiko, in der Knospe zu verharren, schmerzlicher wurde, als das Risiko zu blühen.

ANAÏS NIN

Inhalt

Geleitwort

In *Göttinnen lieben sich selbst* lässt uns HeatherAsh Amara an ihren Erfahrungen als spirituelle Lehrerin, Freundin und Coach teilhaben und hilft einer neuen Frauengeneration, zu ihrer eigenen Reise der inneren Transformation aufzubrechen.

Dieses Buch vereint die Weisheit vieler Traditionen zu einem einzigen wundervollen Weg. Was allen Lektionen zugrunde liegt, ist die Erkenntnis, dass ein Gedanke nichts ist, wenn nicht ein entsprechender Schritt ins Handeln erfolgt; deshalb enthält dieses Buch eine Fülle von Übungen, die uns in Verbindung mit unserem göttlichen Selbst bringen.

Wie du bald sehen wirst, wurde der Weg der Kriegergöttin, der hier beschrieben wird, im Feuer der Liebe geschmiedet.

HeatherAsh Amara trat vor über 20 Jahren als College-Studentin in mein Leben. Sie hatte so viele Fragen über alles und jedes, dass sie Schülerin vieler Lehrer aus vielen Traditionen wurde – darunter auch von mir. Zuerst wollte sie alles über die äußere Realität wissen, doch all ihre Lehrer verwiesen sie auf das Innere. Als sie ihren Widerstand aufgelöst hatte, verwandelte sich ihre Suche nach Erkenntnis in eine Reise der Selbsterkenntnis. Die folgenden Seiten erzählen von dieser Reise.

Der Weg der Kriegergöttin wird in zehn Lektionen beschrieben. Die ersten drei Lektionen werden dir helfen, dich zu zentrieren und eine Einschätzung zu gewinnen, wo du stehst; die weiteren sechs Lektionen werden dich durch eine persönliche Transformation führen, und die letzte Lektion lädt dich ein, deine Wahrheit als Kriegergöttin in deinem Alltag zu leben.

Es macht mich unvorstellbar glücklich, zu sehen, dass das junge Mädchen, das vor so langer Zeit in meinen Kurs kam, sich nicht nur zu einer strahlenden Frau, Lehrerin, Autorin und Kriegergöttin entwickelt hat, sondern dass sie – was am wichtigsten ist – selbst zu einem Ausdruck bedingungsloser Liebe geworden ist.

Wenn du dieses großartige Buch liest, lass dich von den Worten und Lehren zu deinem eigenen göttlichen Selbst führen und lass die bedingungslose Liebe in deinem Herzen erblühen. Das ist die Reise der Liebe, der Weg der Kriegergöttin.

In der toltekischen Tradition besteht der letzte Schritt, den der Schüler macht, bevor er ein Meister wird, darin, dass der Schüler den Lehrer als unterstützende Gehhilfe loslässt und lernt, aus der Kraft seines eigenen Willens zu gehen. Die Spuren des Lehrers mögen auch später noch sichtbar sein, doch was hindurchscheint, ist die Weisheit der eigenen Erfahrungen. HeatherAsh Amara war einst meine Schülerin, und nun ist sie eine ebenbürtige Lehrerin.

Danke, HeatherAsh Amara, für dieses wundervolle Buch.

Don Miguel Ruiz,
Autor von *Die vier Versprechen* und *Vollendung in Liebe*

Vorwort

Der Ruf, mit Frauen zu arbeiten, erreichte mich vor vielen Jahren, als ich meinen ersten College-Kurs mit dem Titel »Frauen und Gesellschaft« besuchte und begann, mich mit erdbasierter Spiritualität zu befassen.

Erdbasierte Spiritualität beinhaltet jede Religion oder Tradition, die in ihrem Kern die Erde, die Natur und alle Manifestationen des Lebens ehrt. Menschen überall auf der Welt praktizieren sie, von indianischen Stämmen über afrikanische Schamanen bis zu modernen Wissenschaftlern. Sie sieht die Erde als Mutter, die uns Leben und Nahrung schenkt und die uns zu Einsicht und Weisheit führt.

Eng verbunden mit den Zyklen von Erde und Sonne, ehren diese traditionellen Lehren das Licht und die Dunkelheit, den Anfang und das Ende, das Männliche und das Weibliche, die Geburt und den Tod. Alles ist verbunden; alles ist heilig. Als ich mich in das Studium verschiedener Traditionen vertiefte, fühlte ich mich sehr angezogen vom Europäischen Schamanismus und seinen Lehren von Mutter Erde. Die Archetypen von Jungfrau, Mutter und Großmutter sowie die verschiedenen Aspekte der Göttin inspirierten mich, mich als Frau zu akzeptieren und zu lieben, anstatt zu versuchen, mich am Männlichen in Form von Gott und Menschen (meist Männern) zu orientieren, die üblicherweise als Vorbilder und Rollenmodelle dienen.

Im Lauf der Zeit fand ich Lehrerinnen und Lehrer, die mich führten, und ich wurde schon allein durch die Menge an Frauen, die mich aufsuchten, um von mir zu lernen, quasi als Lehrerin »einberufen«. Wir Frauen hungern nach einem weiblichen Bild des Göttlichen und einer Spiritualität, die uns ermutigt, uns mit unseren natürlichen Gaben der Intuition, Heilung und Gemeinschaft zu verbinden. Dabei geht es nicht darum, besser als Männer zu sein oder den Wunsch zu haben, unser Leben getrennt von unseren Brüdern zu führen; genauso wenig geht es darum, aufgrund unserer Biologie besonders zu sein. Im Mittelpunkt steht das Ehren allen Lebens: Frauen und Männer, Menschen und Tiere, Pflanzen und Mineralien – und die Magie, die geschieht, wenn wir uns versammeln, um uns selbst als Frauen zu stärken, um alle Manifestationen der Göttin zu ehren und uns davon inspirieren zu lassen.

Dieses Buch entstand aus einem jahrelangen Trainingsprogramm, das ich 1997 ins Leben rief und das den Titel »Dreizehn Monde« trug; der Name geht auf die dreizehn Neumondzyklen im Jahr zurück. »Dreizehn Monde« wurde in der Anfangszeit von meinen ersten beiden Lehrerinnen Vicki Noble und Cerridwen Fallingstar inspiriert. Während dieser Zeit war ich ganz und gar eingenommen von der nährenden Wirkung, die sich einstellt, wenn Frauen sich versammeln, um einander bedingungslos zu unterstützen.

Durch Vicki lernte ich viel über die Weisheit unserer Ahninnen: über die Intuition, Heilkraft und enorme Stärke von Frauen; Cerridwen öffnete mich für die weibliche Innerlichkeit und Verletzlichkeit, für die

Einstimmung auf die jahreszeitlichen Zyklen und das heilende Geschenk des Rituals. »Dreizehn Monde« wurde zudem gefördert von einem kleinen Zirkel aus Herzensschwestern meines Colleges, den Women of Yes, die sich jede Woche trafen.

Sein transformatives Herz erhielt »Dreizehn Monde« durch meine Arbeit mit Don Miguel Ruiz, dem Autor von *Die vier Versprechen*, der viele Jahre mein toltekischer Lehrer war und mit dem mich später eine berufliche Partnerschaft verband. Die Tolteken waren eine indigene Gruppe, die vor über tausend Jahren in Süd- und Zentralmexiko eingewandert waren und sich dem Erlangen von Erkenntnis widmeten. Sie verstanden sich selbst als »Künstler des Bewusstseins«. Wie Don Miguel schreibt: »Finde dich selbst und deinen eigenen besonderen Ausdruck in der Welt. Drücke deine Liebe offen aus. Das Leben ist nichts als ein Traum, und wenn du dein Leben mit Liebe erschaffst, wird dein Traum zu einem Meisterwerk der Lebenskunst.«

Nach drei Jahren begeisterten Studiums war ich in der Lage, die Kernlehren des Europäischen Schamanismus und die toltekische Weisheit in mein alltägliches Leben zu integrieren. Im Dreizehn-Monde-Programm konnte ich beide Lehren in einer kraftvollen Balance zusammenführen, und ich begann, Frauen diese Kombination aus toltekischer Kriegerphilosophie und europäischer Göttinnen-Spiritualität zu lehren, damit sie selbst die Stärke erlangen konnten, positive Veränderungen in ihrem Leben zu bewirken.

Und – wow – es funktionierte! Im ersten Jahr des Programms sah ich sechzehn Frauen erblühen wie Wildblumen nach einem Frühlingsregen. In einem Zirkel, der JA zu persönlicher Wahrheit und Authentizität sagte, gelang es jeder einzelnen Frau, sich aus den Fesseln ihrer Selbstzweifel zu befreien und ihren Weg zu gehen. Sie fanden in ihre Kraft, gleich, ob es darum ging, alte Projekte zu Ende zu führen oder neue berufliche Wege einzuschlagen, einengende Familienmuster aufzulösen oder eine Familie zu gründen, sexuelle Traumata zu heilen oder ihre Leidenschaft für das Leben zu entdecken.

Seit diesem ersten Mal wuchs »Dreizehn Monde« zu einem Zirkel für Frauen auf der ganzen Welt. Unser globales Netz reicht mithilfe des Internets über alle Grenzen hinaus und verbindet Frauen in Großstädten ebenso wie in isolierten Ortschaften zu einem Zirkel, der Zugang zu neuen Möglichkeiten und Selbstliebe bietet.

Aus »Dreizehn Monde« entwickelte sich das *Warrior Goddess Training*, das Kriegergöttinnen-Training, das den neuesten Ausdruck des Dreizehn-Monde-Programms darstellt. Es entstand in vielen Jahren intensivster Erfahrung und besteht aus zehn einfachen, doch wirksamen Lektionen. Mögen sie dein Herz und deine Seele nähren, damit du als die Kriegergöttin erblühen kannst, die du bist.

Ich bin zwar die »Mama«, die das *Warrior Goddess Training* in die Welt brachte, doch seine Lehren stammen von unseren Großmüttern und den Großmüttern unserer Großmütter; sie wurden von Generation zu Generation weitergegeben und von modernen Großmüttern und Müttern für alle Frauen neu erschaffen und neu erfunden. Insbesondere ehre und danke ich Madre Sarita, Don Miguels Mutter, die mich auf vielerlei Weise, selbst noch nach ihrem Tod, darin unterstützt hat, die traditionellen toltekischen Lehren zu verbreiten.

Einleitung

Ich will am Ende meines Lebens nicht feststellen,
dass ich es nur der Länge nach gelebt habe.
Ich will es auch in seiner Breite leben.

DIANE ACKERMAN

Du bist vollkommen. Du bist kraftvoll. Du bist göttlich.

Fühlst du, wenn du diese Worte liest, tief in dir ihre Wahrheit widerhallen?

Oder fühlst du stattdessen die dumpfe Schwere von Selbstverurteilung und Selbstzweifel? Vielleicht hegst du die tief sitzende Überzeugung, dass du nicht gut genug bist, und hast deshalb den erschöpfenden Versuch unternommen, dein ganzes Leben lang außerhalb von dir nach deinem Selbstwert zu suchen.

Wenn du dich nicht selbst mit jeder Faser deines Wesens liebst und akzeptierst, wenn du Schwierigkeiten damit hast, dir deine Kraft und Leidenschaft zuzugestehen, und wenn du gleichzeitig mehr spielerische Leichtigkeit und Einfachheit in deinem Leben haben möchtest, dann ist es Zeit für eine innere Revolution. Es ist Zeit, die Energie deiner Kriegergöttin zu erwecken.

Wir Frauen sind darin geübt, unsere Ganzheit und unseren Wert über andere zu suchen und auch (Selbst-)Liebe über sie zu finden. Vor fünfzig Jahren sagte man uns, ein Ehemann und Kinder würden uns vollständig machen – das war mehr oder weniger unsere einzige Option. Was uns heute zu wertvollen Menschen macht, sind vielleicht ein Partner, unsere Karriere oder sogar die Tatsache, dass wir einem bestimmten spirituellen Weg folgen. Selten nehmen wir uns als vollkommen wahr, einfach so, wie wir sind. Wir machen unseren Selbstwert davon abhängig, wer uns liebt und wer nicht, ob wir fünf oder fünfzig Pfund Übergewicht haben und ob wir in der Lage sind, drei Aufgaben gleichzeitig mit einem Lächeln auf den Lippen zu bewältigen.

Die Revolution, die wir Frauen von heute brauchen, ist deshalb eher eine Evolution: weg von einer Ausrichtung auf das Äußere, hin zu einer Ausrichtung auf das Innere. Wenn unsere Aufmerksamkeit gänzlich vereinnahmt ist von Gedanken wie »du solltest«, »was, wenn dies oder jenes geschieht« oder »du solltest nicht«, verschwenden wir unsere Energie, und es fällt uns schwer zu erspüren, was authentisch für uns ist. Wenn wir unsere Aufmerksamkeit darauf richten können, zu erkennen, wer wir in unserem Inneren wirklich sind – nicht wer wir zu sein wünschen oder wer wir glauben, sein zu müssen –, betreten wir den heiligen Pfad der Transformation zu unserer angeborenen, authentischen, gelebten Kraft.

Das ist der Pfad der Kriegergöttin.

Die Energie der Kriegerin ist eine Verbindung aus Fokus, Einsatz, Zielstrebigkeit und Entschlusskraft. Indem wir diese Qualitäten bewusst zusammenbringen, gewinnen wir Kraft. Wenn wir unsere Kriegerinnen-

Energie nutzen, sind wir zuversichtlich, haben einen klaren Geist und bringen uns selbst zu hundert Prozent ein in das, was wir tun.

Die Energie der Göttin ist unser kreativer Fluss: bedingungslose Liebe, Freude, Leidenschaft und Weisheit. Wenn wir unsere Göttinnen-Energie nutzen, leben wir in freudiger Selbstakzeptanz und Selbstachtung, und wir lauschen auf unsere heilige innere Stimme.

Also, lass uns beginnen!

Eine gewisse Ironie besteht darin, dass es beim ersten Schritt auf diesem Pfad nicht darum geht, Einsichten zu gewinnen oder einen neuen Zustand des Daseins zu erlangen. Der Beginn erfordert eher, einige Dinge loszulassen, an denen wir eine sehr lange Zeit festgehalten haben. Auf einem Pfad der Transformation müssen wir bereit sein, unsere nicht mehr stimmigen Glaubenssätze und Geschichten, die wir über uns erzählen und die uns behindern, aufzugeben.

Geschichten erzählen wir uns und anderen, um zu erklären, warum wir so sind, wie wir sind. Diese Geschichten können inspirierend oder leidvoll und anklagend sein. Sie können uns Energie und Motivation schenken oder dazu führen, dass wir uns als hilfloses Opfer fühlen und eine wütende Abwehrhaltung einnehmen. Die Geschichten, die unsere Lebenskraft und Freude verringern, speisen sich aus falschen Glaubenssätzen und Haltungen, die uns nicht dienlich sind. Die Frage, die wir uns stellen sollten, lautet: Sorgt meine Geschichte für innere oder äußere Dramen, oder bringt sie mir Frieden und Erfüllung?

Die inneren Stimmen, die uns zuflüstern: »Ich bin nicht intelligent genug«, »Ich bin nicht hübsch genug« oder »Ich bin nicht kontaktfreudig genug«, sind die falschen Vorstellungen, die den Grundstein bilden für ein Glaubenssystem, das uns selbst begrenzt und an dem wir trotzdem festhalten. Viele von uns erzählen sich diese Geschichten schon so lange, dass sie sie nicht einmal mehr als Geschichten erkennen, sondern sie für Tatsachen halten. Aber nichts kann weiter von der Wahrheit entfernt sein!

Wenn wir bereit sind, nicht mehr an unseren Begrenzungen festzuhalten, besteht der erste Schritt darin, den Glauben loszulassen, dass wir Opfer oder Märtyrer sind. Wenn wir uns selbst als machtlos und hilflos ansehen oder glauben, dass wir erst etwas werden müssen, was wir nicht sind, um akzeptiert zu sein, dann werden diese Geschichten unser Leben und unsere Realität bestimmen.

Es ist Zeit, alle Masken und Schutzpanzer, hinter denen wir uns verstecken, loszulassen, damit wir uns voll und ganz auf die Welt einlassen können. Wir machen uns bereit, uns mit offenen Händen von der Vergangenheit zu lösen und uns der Zukunft hinzugeben. Und was noch wichtiger ist: *Wir geben bereitwillig das Bild von uns auf, von dem wir glauben, dass wir ihm entsprechen müssen – zugunsten des Menschen, der wir wirklich sind.*

Machen wir uns jetzt auf den Weg, um unser schönes, machtvolles Selbst zu leben.

In den mythischen Heldengeschichten bricht ein auf sich allein gestellter Mann auf, um sein Glück zu finden, das Böse zu überwinden, eine oder zwei Frauen zu retten und seine Stärke wider alle Hindernisse unter Beweis zu stellen.

In der modernen Heldinnengeschichte der Kriegergöttin bricht eine auf sich allein gestellte Frau auf, um sich selbst zu finden, Furcht und Zweifel zu überwinden, ihre Kraft und Lebendigkeit zurückzugewinnen und die Stärke ihres Mitgefühls und ihrer leidenschaftlichen Liebe unter Beweis zu stellen.

Als Heldinnen des 21. Jahrhunderts haben wir auf unserer Reise zur Befreiung unseres wahren Selbst eine Fülle von Hindernissen zu überwinden und eine Vielzahl von Dämonen zu bezwingen. Wir leben in einer Zeit, in der Stress, Selbstablehnung, Selbstüberforderung und Abhängigkeiten zum Alltag gehören und emotionaler, physischer und sexueller Missbrauch immer noch verbreitet sind. Und obwohl wir das Glück haben, dass unsere Großmütter und Mütter den Weg für die Freiheit der Frauen in der äußeren Welt geebnet haben, indem sie für Dinge wie das Wahlrecht, die Gleichstellung am Arbeitsplatz und vieles mehr kämpften, sind viele von uns immer noch in Ketten gelegt, indem sie sich bemühen, Ansprüchen, Vorstellungen und Idealen gerecht zu werden, die nicht ihre eigenen sind.

Das *Warrior Goddess Training*, der Weg der Kriegergöttin, führt uns dahin, herauszufinden, wer wir wirklich sind und was wir wirklich wollen, und mithilfe dieses Wissens auch eine äußere Realität zu schaffen, die wirklich dem entspricht, was wir im Inneren sind.

Wie Carrie McCarthy und Danielle LaPorte in ihrem Buch *Style Statements* schreiben, beginnt das Leben unangenehm langweilig zu werden, wenn wir versäumen, nach innen zu schauen, und die Verbindung zu unserem Gespür für Richtig oder Falsch verlieren. Unterziehen wir uns im Hinblick auf Erfolg und Glück einer »Gedankendiät«, die jemand anderes entwickelt hat, dann hungert unser wahres Selbst, und wir treffen kraftlose Entscheidungen darüber, was wir in unser Leben bringen und in der Welt ausdrücken wollen.

Das Umschalten von der Ausrichtung auf die äußere Welt zur Ausrichtung auf die innere Welt erfordert Mut. Es ist leichter, einem Weg zu folgen, den wir kennen, und sich weiter in der Sicherheit des Gewohnten zu bewegen. Doch auf dem Weg der Kriegergöttin gibt es weder eine Vorlage, die für jede Frau passt und nach der wir uns richten können, noch eine Garantie auf krisenloses Durchkommen, weder einen Ritter auf weißem Ross, der uns rettet, noch einen erleuchteten Meister, mitfühlenden Guru oder machtvollen Schamanen, der uns augenblicklich zu dem erwachen lässt, was wir sind. Es ist eine Reise, die wir allein antreten, doch – umgeben von unterstützenden Schwestern und Brüdern – werden wir uns nach innen wenden, um dort allen Schutt, Lärm, Blockaden und Dumpfheit zu entfernen, sodass der strahlende Juwel unseres Selbst sichtbar wird.

Die gute Nachricht lautet, dass es niemals zu spät ist, wirklich wir selbst zu werden. In diesem Moment braucht unser Planet genau das: uns, hundert Prozent uns.

Überall auf der Welt brechen Frauen auf, um ihr authentisches, kreatives, wundervoll einzigartiges Selbst wieder in ihr Leben einzuladen. Sie werfen die alten, verschossenen Kleider des Krieges, der Herrschaft, der Konkurrenz, des Neids und der Unterdrückung ab. Sie erheben sich wie die Sonne am Firmament und scheinen groß und hell wie der volle Mond. Sie sagen Ja zur Kraft der leidenschaftlichen Liebe, des Mitgefühls, der beständigen Authentizität und der Verletzlichkeit. Das sind die Kennzeichen für die Ausrichtung der Kriegerin und die Freude der Göttin.

Wenn wir diese weibliche Authentizität zurückgewinnen, bedeutet das aber nicht, dass wir weiterentwickelt sind als Männer oder dass wir besser sind als Frauen, die noch nicht aus ihrer Essenz heraus leben. Als Menschen sind wir alle gleich und wertvoll.

Wir sind alle vollkommen. Manchmal haben wir uns nur so im Nebel unserer selbst-beschränkenden Überzeugungen verirrt, dass wir einen führenden Begleiter brauchen, der uns zurück zum Licht der bedingungslosen Selbstliebe und Selbstakzeptanz führt. Dieses Buch ist ein solcher Begleiter.

Die Rückkehr in den Zirkel

Über Tausende von Jahren haben sich Frauen in den Stämmen und Dörfern überall auf der Welt in einem Kreis versammelt, um ihre Erfahrungen miteinander zu teilen, um zu lehren, zu lauschen und zu lernen. Der Herzschlag dieser Frauen pulsiert noch immer in uns. Ihre Weisheit fließt durch die Zeiten und singt leise für uns das Lied von weiblicher Verbindung und Schönheit. Wir brauchen uns nur genügend Zeit zu nehmen und unserem Herzen zu lauschen, um ihren Ruf zu hören.

Ein schönes Beispiel für dieses Zusammenkommen von Frauen, um zu heilen und zu lernen, war die Mondhütte. Die indianische Clanmutter Spider erzählt in ihrem Buch *Songs of Bleedings* von diesem Ritual: Wenn Frauen zu bluten begannen, verließen sie ihre Wohnstätten und Familien und suchten den heiligen Einkehrraum der Mondhütte auf. Die Hütte wurde von der ganzen Gemeinschaft geehrt und geachtet, da die Träume und Visionen der blutenden Frauen Botschaften vermittelten, die für das Überleben entscheidend waren, wie Kenntnisse über Bepflanzung und Heilung sowie Rat zu Beziehungen in der Gemeinschaft. Wenn es Fragen gab, auf die eine Antwort gesucht wurde, gingen die Frauen zur Hütte, um die Ahnen um Rat zu bitten.

Hier, im Rückzug vom täglichen Leben, wurde die Weisheit der Frauen weitergegeben, und neue Einsichten und Visionen wurden zum Wohle der ganzen Gemeinschaft miteinander geteilt. Auch wenn viele dieser alten Lehren unserer Ahninnen in der äußeren Welt verloren gegangen sind, leben sie in uns weiter.

Ich betrachte die Weisheit unserer Großmütter als einen Keimling, der uns bei unserer Geburt eingepflanzt wird und der geduldig darauf wartet, zutage gefördert und geöffnet zu werden. Das ist unser Erbe, eine Heimkehr zu uns selbst und in unseren Zirkel.

Starhawk, eine der Begründerinnen der Göttinnenbewegung, schreibt:

> *Wir alle sehnen uns danach, heimzukehren an einen Ort, an dem wir niemals gewesen sind – einen Ort, den wir halb erinnern und halb erahnen und auf den wir nur hin und wieder einen Blick erhaschen. Gemeinschaft. Irgendwo gibt es Menschen, zu denen wir leidenschaftlich sprechen können, ohne dass uns die Worte im Hals stecken bleiben. Irgendwo wird sich ein Kreis von Händen öffnen, um uns zu empfangen, Augen werden aufleuchten, wenn wir eintreten, Stimmen werden gemeinsam mit uns feiern, wann immer wir in unsere Kraft kommen. Gemeinschaft bedeutet Stärke, und diese wird sich mit unserer eigenen Stärke verbinden, um die Arbeit zu tun, die getan werden muss. Arme, die uns halten, wenn wir wanken. Ein Kreis des Heilens. Ein Zirkel von Freunden. Ein Ort, an dem wir frei sein können.*

Mein Buch stellt ein heiliges Zusammentreffen von Frauen, die heilen, lachen und wachsen, dar. Auf diesen Seiten wirst du die Lektionen der Kriegergöttin kennenlernen. Jedes Kapitel ist ein Pfad des Entdeckens, des Erwachens und des Wiederverbindens mit deinen weiblichen

Wurzeln und deiner weiblichen Gemeinschaft. Jedes Wort lädt dich ein, die Frau zu werden, die du wirklich bist.

Die ersten drei Lektionen bilden die Basis und sollen dir helfen, zu der Frau zu stehen, die du bist, dich in Einklang zu bringen mit allem, was geschieht, und dein Selbst von hinderlichem Ballast zu befreien. In den nächsten sechs Lektionen geht es um den Wandel, sie führen dich auf eine Reise, auf der du dich in den wichtigsten Bereichen neu strukturierst und an Lebenskraft gewinnst. Die letzte Lektion soll dich motivieren und ermutigen, dein Licht mehr und stärker in die Welt zu bringen.

Jede Lektion ist darauf ausgerichtet, dir zu helfen, die graue Haut alter Muster und Gewohnheiten abzuwerfen und die Kriegergöttin zum Vorschein zu bringen, die in dir wartet. Jede Lektion bietet außerdem praktische Übungen, an denen du alles ausprobieren kannst, um die Transformation in deiner inneren und äußeren Welt voranzutreiben. Viele Kapitel beginnen mit einer persönlichen Geschichte, in der ich von Orten erzähle, an denen ich kämpfen musste, von Einsichten, die ich gewann, von großen Fehlern, die ich machte, und davon, wie ich mich wieder aufrappelte und weiterging. Ich gebe weder vor, erleuchtet oder spirituell fortgeschritten zu sein noch alle Lektionen gelernt zu haben. Ich betrachte mich selbst als eine entschlossene Kriegerin und unbeschwerte Göttin – inmitten eines wunderbaren Prozesses. Ich bin eine Frau, wie du, die lernt, wächst, lacht und weint. Ich mache Fehler. Ich trete Leuten auf die Füße. Ich verfange mich in Furcht und Selbstzweifel. Ich nehme immer noch Dinge persönlich. Manchmal fühle ich mich unsichtbar, manchmal zerbrechlich und verletzlich. Ich respektiere und ehre all diese Seiten meiner selbst – auch die, die ich nicht besonders mag. Ich hoffe, dass du am Ende dieses Buches ebenfalls deine Fehler akzeptieren, über deine

Ängste lachen, Vertrauen in dich selbst haben und die großzügige Unterstützung deiner Schwestern kennenlernen wirst.

Im Anhang dieses Buches findest du Empfehlungen für Bücher, die dir weitere Unterstützung bieten, während du dich mit den einzelnen Lektionen beschäftigst. Ich möchte dich auch dazu ermutigen, auf deiner Reise mit anderen Kriegergöttinnen in Kontakt zu treten; im Anhang findest du dafür Webadressen (auf Englisch).

Ich freue mich und fühle mich geehrt, dass ich dich auf dieser Reise begleiten darf, einer Reise, auf der wir unser wildes Kriegerinnenselbst wiederentdecken und die Größe unserer weiblichen Göttin umarmen. Mögest du dieses Tor zu dir selbst mit der Freude eines Kindes öffnen, das ein Geschenk auspackt, welches es sich sehnlichst gewünscht hat. Die Liebe, das Vertrauen und die Vollständigkeit, die du gesucht hast, erwarten dich. Lass uns beginnen, indem wir uns einen Moment Zeit nehmen, um uns mit allen Frauen auf der Welt zu verbinden. Tritt in Kontakt mit der Liebe unserer Ahninnen. Atme ein und nimm damit die Stärke und Weisheit der vielen fantastischen Kriegergöttinnen aller Zeiten in dich auf. Atme aus und lass die alten Daseinsweisen los, um Raum zu schaffen für deine Intuition, Einsicht und liebevolle Wildheit, die sich entwickeln wollen.

Und nun gib dir selbst das Versprechen, voll und ganz, hundert Prozent DU zu sein.

Du bist vollkommen. Du bist wertvoll. Du wirst geliebt.
Ich sehe deine Vollkommenheit.
Ich sehe deinen Wert.
Ich liebe dich, genau so, wie du bist.
Willkommen auf dem Weg der Kriegergöttin.

Schlüsselwörter

Bevor wir uns zusammen auf die Reise begeben, möchte ich einige Schlüsselbegriffe erklären, die ich im ganzen Buch verwende, um sicherzustellen, dass wir uns richtig verstehen.

Vereinbarung – Jedes Mal, wenn wir Ja zu einer Überzeugung oder Lebensweise sagen, ob bewusst oder unbewusst, gehen wir eine Vereinbarung ein. Vereinbarungen können uns dienlich sein, beispielsweise wenn wir die Vereinbarung treffen, nichts mehr zu essen, was unser Körper nicht verträgt, oder sie können uns schaden, wenn wir falsche Überzeugungen von anderen Menschen als Tatsache annehmen (Rassismus und Sexismus sind offensichtliche Beispiele dafür). Vereinbarungen können bewusst oder unbewusst getroffen werden. Eine bewusste Vereinbarung kann ein Vertrag sein, den wir unterzeichnen, ein Versprechen, das wir geben, oder ein Ziel, das wir uns setzen. Eine unbewusste Vereinbarung kann darin bestehen, dass wir niemals singen oder tanzen, weil unsere Mutter oder unser Vater niemals gesungen oder getanzt haben. Wenn wir uns unserer Vereinbarungen bewusst werden, können wir besser entscheiden, welche uns nützen und welche wir loslassen möchten.

Anhaftung – Wenn wir Erwartungen oder Wünsche hegen über die Art und Weise, wie Menschen, Dinge oder Ereignisse sein sollten, haben wir eine Anhaftung. Wenn wir stark an etwas anhaften, greifen wir nach etwas außerhalb von uns selbst, um uns sicher zu fühlen. Je größer die Erwartung ist, desto stärker ist auch die Anhaftung und desto mehr leiden wir, wenn wir es nicht erhalten oder wenn wir es verlieren. Als Menschen hängen wir natürlich an Wesen und Dingen, die wir lieben: an anderen Menschen, unseren Wohnungen oder Häusern, unseren Tieren. Wir hängen auch an Dingen, die unseren Selbstwert bestimmen: unserer Jugend, unserer Arbeit, unserer Intelligenz. Je mehr Stabilität und Frieden wir in uns selbst finden, umso mehr beginnen unsere Anhaftungen an äußeren Dingen nachzulassen, und wir sind erfüllt von mehr bedingungsloser Liebe und Akzeptanz als von Angst, auch wenn eine Veränderung eintritt.

Domestizierung – Im Zusammenhang dieses Buches steht Domestizierung für die toltekische Auffassung, wie wir von der Gesellschaft, in der wir leben, konditioniert werden: wie wir gelehrt werden, auf welche Art wir uns zu verhalten oder anzupassen haben – in der Regel indem wir mit Angenommen-Werden belohnt und mit vorenthaltener Liebe bestraft werden. Obwohl die Domestizierung wichtig ist, um den Rahmen und die Regeln der Gesellschaft, in die wir geboren wurden, zu erlernen, führt sie häufig zu einer inneren Spaltung zwischen der Frau, die wir wirklich sind, und der Frau, die wir sein sollen. Wenn wir uns entscheiden, das zu sein, was andere von uns erwarten, werden wir am Ende unzufrieden mit unserem Leben sein, weil wir nicht aus unserer Authentizität, sondern aus unserer Domestizierung heraus leben.

Spiritualität von Mutter Erde – Religionen bieten heilige Schriften und Strukturen, Zufluchtsorte in Form von Tempeln oder Kirchen und Gemeinschaften beziehungsweise Gemeinden, wo wir alle zusammen die Lehren eines Propheten oder einer religiösen Tradition hören und praktizieren. Spiritualität dagegen ist eine bewusste persönliche Verbindung mit dem Göttlichen, die so individuell ist wie jeder Mensch einzigartig. Die Spiritualität der Erde betrachtet unseren Planeten, die Elemente (Luft, Feuer, Wasser, Erde) und die Lebenszyklen als heilig und sieht Gott nicht als ein äußeres Wesen an, sondern als die kreative Kraft, die allen Wesen und Dingen innewohnt. Die Spiritualität der Göttin verehrt das Weiblich-Göttliche und schöpft aus der Reflexion darüber Kraft; manchmal manifestiert es sich als ein mitfühlendes weibliches Wesen wie Kuan Yin in China, die Gottesmutter Maria in Europa und die Jungfrau von Guadalupe in Mexiko, manchmal stellt es sich als eine wilde Zerstörerin von Illusionen dar, wie Kali in Indien oder Hekate im Europa der Antike.

Die meisten Göttinnen-Traditionen, die wir überall auf der Welt finden, grenzen das Männliche nicht aus, sondern sehen das göttliche Prinzip als die Mutter, die alle ihre Kinder bedingungslos liebt, seien sie männlich oder weiblich. Riane Eisler, Autorin des Buches *Kelch & Schwert,* fasst dies wunderbar zusammen:

> *Die Ergebnisse von Çatal Hüyük und anderen neolithischen Ausgrabungsstätten lassen vermuten, dass in diesen Gesellschaften, in denen Frauen als Priesterinnen wirkten und handwerklich tätig waren, das Weibliche dem Männlichen nicht untergeordnet war. Obwohl die heilige Verbindung zwischen dem Weiblichen und*

Männlichen ein wichtiges religiöses Mysterium war, wurden die Mächte, die das Universum geschaffen haben und es bestimmen, bildlich im Allgemeinen eher als Göttin denn als Gott dargestellt.

Europäischer Schamanismus – Die vorchristliche Spiritualität von Mutter Erde entwickelte sich vor allem auf den Britischen Inseln und in einigen anderen Gebieten des europäischen Kontinents. Der Schamanismus ist ein globales Phänomen, das allen großen Religionen vorausging; es handelt sich um eine Praxis der direkten Offenbarung und Heilung, die durch schamanische Reisen und durch Zwiesprache mit der Natur stattfinden. Sandra Ingerman, Autorin vieler Bücher, darunter *Auf der Suche nach der verlorenen Seele,* schreibt:

> *Der Schamanismus lehrt uns, dass alles, was existiert, lebendig und von Geist erfüllt ist. Schamanen sprechen von einem Netz, das alles Leben und den Geist, der in allen Dingen lebt, verbindet. Alles auf der Erde ist miteinander verbunden, und jegliche Überzeugung, dass wir getrennt von anderen Lebensformen existieren, eingeschlossen Erde, Sterne, Wind etc., ist schlicht eine Illusion. Und die Rolle des Schamanen in der Gemeinschaft besteht darin, die Harmonie und das Gleichgewicht zwischen Mensch und Naturkräften zu bewahren.*

Der europäische Schamanismus ehrt die vier Elemente Luft, Feuer, Wasser und Erde sowie die Zyklen der Jahreszeiten und des Lebens, in einigen Traditionen außerdem die Dreifaltige Göttin: Jungfrau, Mutter und Großmutter.

Tolteken und toltekische Philosophie – Die Tolteken waren eine indigene Gruppe Menschen, die vor über tausend Jahren in Süd- und Zentralmexiko einwanderten und sich dem Erlangen von Erkenntnis widmeten. Sie sind die Erbauer der Pyramiden von Teotichuacán in Mexiko. Nach der Eroberung Mexikos durch die Spanier wurden die toltekischen Lehren im Verborgenen weitergegeben, oft innerhalb von Familien. Einem größeren Publikum wurde die toltekische Philosophie das erste Mal durch die Lehren des Don Juan bekannt, aufgezeichnet von dem Anthropologen Carlos Castaneda. Castanedas zahlreiche Bücher, darunter *Die Reise nach Ixtlan* und *Der Ring der Kraft*, motivierten Tausende von Menschen dazu, toltekische Weisheit in ihr Leben zu integrieren. Der Autor und Lehrer Don Miguel Ruiz brachte durch seine internationalen Bestseller *Die vier Versprechen* und *Vollendung in Liebe* die toltekische Weisheit einem sogar noch breiteren Publikum nahe. Im zweitgenannten Buch schreibt Ruiz, das toltekische Wissen entstamme derselben essenziellen Wahrheit wie all die heiligen und esoterischen Traditionen überall auf der Welt. Obwohl es sich nicht um eine Religion handelt, ehrt es alle spirituellen Meister, die auf der Erde gelehrt haben. Und auch wenn es hochspirituell ist, kann es präziser noch als Lebensweise bezeichnet werden, die einen leichten Zugang zu Glück und Liebe bietet. Das Wort *Tolteke* bedeutet »Künstler des Bewusstseins«.

Lektion eins

Steh zu der Frau, die du bist

Gib niemals auf.
Gib dich niemals geschlagen.
Höre niemals auf, etwas zu versuchen.
Verrate dich niemals.
Und wenn du dich selbst dabei ertappst,
dass du einen kurzen Moment einem der vieren erliegst,
steh auf, bringe dich in Ordnung, flüstere ein Gebet
und beginne dort, wo du angefangen hast.
Aber gib niemals, niemals, niemals auf.

RICHELLE E. GOODRICH

Die meisten Frauen wissen alles über Selbstverpflichtung. Wir verpflichten uns, unsere Mängel zu verbergen oder sie zu wichtig zu nehmen und alles dafür zu tun, damit andere glücklich oder zufrieden sind, häufig auf Kosten unseres eigenen Glücks und Wohlbefindens; wir unterstützen die Träume anderer Menschen auf Kosten unserer eigenen Träume oder kritisieren uns selbst (und andere), wenn wir können. Wir verpflichten uns eher einem Bild von uns, von dem wir meinen, dass wir ihm entsprechen *sollten,* statt uns dafür zu engagieren, uns selbst dort zu begegnen, wo wir stehen. Wir verpflichten uns, uns mit den Augen anderer Menschen zu sehen und unseren Selbstwert danach zu bemessen, ob sie uns akzeptieren, statt unsere einzigartige innere Schönheit und Stärke zu bezeugen. Wir verpflichten uns, eher nett als echt zu sein oder uns angemessen darzustellen, statt unsere Verletzlichkeit zu zeigen. Und wenn Menschen sich nicht so verhalten, wie sie sich unserer Meinung nach verhalten sollten, schmollen wir und blasen Trübsal oder, schlimmer noch, rächen uns. Wir rechtfertigen unsere emotionalen Ausbrüche oder unser ungerechtes Verhalten mit dem Handeln der anderen, und indem wir das tun, handeln wir häufig in derselben Weise wie die Person, die uns zuerst damit aufgebracht hat. Wenn wir anderen die Macht geben, unsere emotionalen Knöpfe zu drücken, machen wir uns von ihnen abhängig, oft ohne es zu bemerken. Das Problem ist jedoch, dass wir es sind, die darunter leiden.

Unsere erste Lektion der Kriegergöttin, »Steh zu der Frau, die du bist«, soll die Kluft schließen zwischen Selbstablehnung und echter Selbstakzeptanz, zwischen Denken und Sein, Wünschen und Werden.

Diese Selbstverpflichtung, dieses Zu-uns-Stehen, wird uns zeigen, dass es keinen verborgenen Schatz oder Retter außerhalb von uns selbst gibt; wir *sind* der Schatz, den wir die ganze Zeit gesucht haben. Mit anderen Worten: Wir sind der Mensch, auf den wir gewartet haben.

Dein Commitment, zu der Frau zu stehen, die du wirklich bist, wird deine Kriegergöttinnen-Energie aktivieren. Wenn deine Worte, Gedanken und Handlungen Selbstverleugnung und Selbstverurteilung fördern, verwendest du deine enorme Macht gegen dich selbst. Diese Art der emotionalen, mentalen und physischen Verleugnung kann viele Formen annehmen: Ja sagen, wenn du eigentlich Nein meinst, in Beziehungen bleiben, die dich nicht nähren, Gedanken, die dir Energie abziehen, denken und an sie glauben, Nahrung zu dir nehmen, die dein Körper nicht verträgt.

Indem du dich deinem wahren, authentischen Kriegergöttinnen-Selbst verpflichtest, brichst du auf zu einer lebenslangen Reise in ein authentisches Leben.

Als ich daran arbeitete, die alten Muster von »Ich-muss-sicherstellen-dass-jeder-mich-mag« oder »Ich-muss-gerettet-werden« in mir loszulassen, war ich manchmal erstaunt, wie tief sich diese Muster durch mein ganzes Sein woben. Ich gehe diesen Weg nun seit über zwanzig Jahren, doch konfrontiert mich das Leben zwangsläufig immer wieder mit neuen und unerwarteten Veränderungen, und jedes dieser Ereignisse ist eine Einladung für mich, nach innen zu schauen und loszulassen, was mich noch zurückhält. Wie bei den Schalen einer Zwiebel ist eine Schicht nach der anderen abzustreifen, und bei jeder Ablösung vergieße ich erneut Tränen. Doch jedes Mal, wenn ich bereit bin, nach innen zu schauen, bin ich so dankbar für jede Erfahrung, jedes Hindernis, jede Lektion, weil ich gelernt habe, alles, was geschieht, bewusst als ein Werkzeug zu nutzen, um zu entdecken, wer ich wirklich bin.

Der Schlüssel zum Commitment zu dir selbst klingt sehr einfach: Lerne, alles an dir zu lieben, deine Fehler ebenso wie alles andere. Das kann allerdings schwierig sein. Du setzt dich für dich selbst ein in demselben Maß, wie du bereit bist, die Vergangenheit loszulassen und ebenso alle Vorstellungen davon, dass du anders sein »solltest«, als du es in diesem Augenblick bist. Unsere tiefste Heilung geschieht dann, wenn wir lernen, unsere beste Freundin, Kameradin und Unterstützerin zu sein.

Das Jahr, als mein Buch *The Toltec Path of Transformation* (Der toltekische Weg der Transformation) erschien, war ein entscheidender Wendepunkt in meinem Leben, der mir vor Augen führte, was ein Commitment zu mir selbst wirklich bedeutet. In derselben Woche, in der mein Buch auf den Markt kam, zog mein Mann, der auch mein beruflicher und Geschäftspartner war, aus unserem gemeinsamen Haus aus und ging nach Colorado. Ich fühlte mich, als ob mir jemand ein wunderschönes 160-Seiten-Werk überreicht und dann meine Beine abgehackt hätte. Ich hatte keine Ahnung, wie ich die Blutung stoppen sollte – wie ich Vorträge zu meinem Buch halten, meine Geschäfte weiterführen und meine Leserschaft inspirieren wollte, wenn ich mich so verloren fühlte.

Glücklicherweise wurde das Buch, das ich gerade geschrieben hatte, ein Begleiter, der mich an die Schritte zur Freiheit erinnerte. Ich hatte das perfekte Buch zur perfekten Zeit geschrieben. Als ich die ersten Absätze wieder las, fluchte, weinte und lachte ich gleichzeitig.

Dies schrieb ich in der Einleitung:

> *Hast du es je erlebt, dass deine Welt in einem einzigen Augenblick zerbrach?*
> *Oder hast du darum gekämpft, dein Leben nach einer bedeutenden Veränderung wieder in Balance zu bringen?*
> *Oder hast du dir gewünscht, dass ein Lebensbereich sich verändern sollte?*
> *Ein Wesen in einem Körper zu sein bedeutet, dass du beständig eingeladen bist, dich an den Wandel anzupassen, ob du ihn freudig willkommen heißt oder er dir Angst macht. Von deinem ersten verlorenen Zahn bis zu deinem ersten großen Kummer, vom*

Schulabschluss eines Kindes bis zum Zerbrechen einer Freundschaft, vom Antritt einer neuen Arbeitsstelle bis zum Bewältigen einer chronischen Krankheit, fließt der Fluss deines Lebens kontinuierlich weiter, und manchmal sanft, manchmal abrupt ändern sich die Landschaften, durch die er fließt.

Wie du dich auf die Veränderungen in deinem Leben einstellst, kann den Unterschied ausmachen, ob du in Kampf und Furcht lebst oder in angenehmer Leichtigkeit und Vertrauen. Die Wahrheit ist einfach: Wenn du die Veränderung ablehnst, wirst du leiden. Wenn du die Veränderung annimmst, öffnest du dich für Kreativität, neue Möglichkeiten und Heilung.

Veränderung geschieht unvermeidlich, doch Transformation geschieht durch die bewusste Entscheidung dafür. Auch wenn du nicht immer kontrollieren kannst, wie oder wann Veränderungen geschehen, hast du die Wahl, wie du ihnen begegnest. Wenn du offen auf sie zugehst, statt sie zu ignorieren, zu bekämpfen oder dich ihnen zu widersetzen, entscheidest du dich für deine persönliche Freiheit. Du beschreitest den Pfad der Transformation und bist nicht länger ein Opfer der Veränderung, sondern ihr Mitschöpfer.

Verdammt, dachte ich. Das Universum schenkt mir eine weitere, intensivere Möglichkeit, auf Worte Taten folgen zu lassen.

So stand ich also schluchzend in der Küche und vermisste meinen Freund und Geliebten. Das Haus fühlte sich leer an, so als ob jede Wärme und Freude es verlassen hätten. Ich schwankte zwischen einem tauben Gestrandet-auf-einer-einsamen-Insel-Schock und einer tiefen Trauer, die sich anfühlte, als würde ich im Ozean ertrinken.

Dann plötzlich klärte sich mein Geist, und die Klarheit erhob sich wie ein Stern am Firmament durch den heulenden Sturm meiner Gefühle. Ich hörte mich selbst sagen: »Was vermisst du an ihm?«

Auf irgendeine Art und Weise war ich in der Lage, all die Geschichten und Traurigkeit loszulassen und meine volle Aufmerksamkeit auf diese einfache Frage zu richten. Was *vermisste* ich an ihm?

Ich scrollte in meinem Inneren durch die zahllosen Bilder und Gefühle aus den zehn Jahren unseres Zusammenlebens und Zusammenarbeitens. Worüber ich in diesem Moment trauerte, waren seine ruhige, beständige Liebe und Präsenz. Mit einem Mal begriff ich, dass ich jetzt zwei Möglichkeiten hatte: Ich konnte Jahre damit verbringen, mich nach etwas zu sehnen, was nicht länger da war, oder ich konnte eine neue Kriegergöttinnen-Verpflichtung mit mir selbst eingehen.

Als die Wellen der Trauer erneut über mir zusammenzuschlagen drohten, holte ich mir meine Kriegergöttinnen-Kraft zurück.

»Also gut, meine Liebe«, sagte ich laut zu mir selbst, »was wirst du tun, um das in dein Leben zu holen, was du vermisst – ruhige und beständige Liebe? Wie kannst du sie für dich selbst erschaffen?«

Als ich mich in meinem Haus umsah, lächelte ich. Ich wusste, dass ich aufhören sollte, außerhalb von mir nach dieser Liebe zu suchen, und mich schöpferisch engagieren musste, um das zu kultivieren, wonach ich mich sehnte. Die nächsten sechs Monate lang entrümpelte ich äußerlich mein Haus und stellte die Möbel um, innerlich entschleunigte ich, meditierte mehr und übte mich darin, anderen und mir selbst mit ruhiger Liebe zu begegnen.

Ich trauerte immer noch sehr und erlebte einige heftige emotionale Zusammenbrüche. Doch am Ende jeder dieser Trauerphasen verpflichtete ich mich, die ruhige, beständige Liebe in mir zu entwickeln, nach der ich mich so verzweifelt sehnte. Im Lauf der Zeit lösten sich die Gefühle von Traurigkeit und Schmerz, und ich erkannte, dass diese Veränderung meiner Lebensumstände genau das war, was ich brauchte. Mein Leben wurde gerade deshalb erfüllter.

Mit diesem Beispiel möchte ich verdeutlichen, dass wir durch eine Selbstverpflichtung unseren Gefühlen nicht ausweichen können oder einen »Alle-Probleme-verschwinden-sofort«-Pass in Händen halten. Wir verwandeln uns nicht auf magische Weise in die perfekte Person, die wir schon immer sein wollten. Den Weg der Kriegergöttin zu gehen ist ein Prozess, und dieser beginnt mit der Selbstverpflichtung, uns selbst zu stärken, und wird auch weiterhin von uns verlangen, dass wir uns unserer Heilung und Wahrheit verpflichten, wann immer wir einer neuen und oft unerwarteten Herausforderung gegenüberstehen.

Jedes Mal, wenn wir die Vereinbarung mit uns selbst erneuern, ändern sich innerlich Dinge. Wir lassen uns auf den Prozess ein, uns mit unserer authentischen Kraft in Einklang zu bringen und uns auf eine neue Weise zu erfahren.

Lass uns nun einen Blick auf alte und neue Definitionen von Macht werfen und sehen, wie wir die erste Lektion der Kriegergöttin nutzen können, um unsere Selbstverpflichtung zu stärken.

Sich auf eine neue Kraft einstimmen

Im Fernsehen oder in Zeitschriften wird meist in Wort und Bild Folgendes vermittelt: Aussehen, Wohlstand, Ehe- oder Dating-Partner und der positive Verlauf einer Karriere verleihen Macht.

Aus der Perspektive von Angst und Mangel betrachtet, haben diejenigen Macht, die auf die eine oder andere Weise Zugang zu den meistbegehrten, wertvollsten äußeren Ressourcen gewonnen haben, die erhältlich sind, seien es Geld, Ruhm oder Schönheit.

Viele von uns haben sich jahrelang an dieses alte Modell von Macht geklammert, bei dem wir unseren Wert daran messen, wie wir wahrgenommen werden und was wir erreicht haben.

Wir Frauen machen uns Sorgen darüber, wie andere unseren Körper sehen, und stellen uns ständig Fragen wie: Sind wir hübsch genug? Schlank genug? Sexy genug? Da viele von uns ihre Sexualität als Mittel eingesetzt haben, um das zu bekommen, was sie zu wollen glaubten, machen sie sich Sorgen über das Älterwerden und darüber, nicht länger attraktiv zu sein.

Dasselbe gilt für Geld und sozialen Status. Wir befürchten vielleicht, dass wir nicht die finanziellen Mittel haben könnten, um alles zu tun, was wir tun wollen, oder dass andere nicht erkennen, wie wichtig wir sind (aufgrund eigener Erfolge oder denen von Familienangehörigen).

Wir mühen uns ab mit unseren Urteilen, wo wir stehen sollten – auf der Karriereleiter oder sogar auf einem spirituellen Weg. Wir vergleichen uns selbst mit anderen. Wir empfinden Neid und Angst in Gesellschaft anderer Frauen, deren Licht heller leuchtet als das unsrige oder die unser Selbstwertgefühl in irgendeiner Weise bedrohen.

Und selbst wenn wir einige der Dinge erreicht haben, die wir zu wollen glauben, ist unser Kampf mit der Macht noch nicht vorbei. Wir versuchen dann, sie zu bewahren oder zu stärken, indem wir uns anstrengen, anderen zu gefallen und den Ausgang von Situationen zu kontrollieren, oder wir suchen die Sicherheit, indem wir uns im Hintergrund verbergen und den Status quo aufrechterhalten in der Hoffnung, dass niemand die Macht bemerkt, die wir haben (und die uns auf diese Weise nicht genommen werden kann).

Wenn wir die Dinge, die im alten Machtmodell eine hohe Wertschätzung genossen, nicht erhalten haben oder noch darauf warten, verlegen wir uns auf Selbstverurteilung und Selbstgeißelung, indem wir uns sagen, wenn wir nur hübscher, klüger, engagierter etc. wären, dann würden wir alles, was wir uns wünschen, erreichen, und das Leben wäre voller Glückseligkeit.

Erst wenn wir beginnen, die alten Machtstrukturen in dieser Weise zu betrachten, können wir den Irrsinn dahinter entdecken.

Von der Warte der Kriegergöttin aus definiert sich Macht völlig anders. Macht kann nicht von außen erlangt werden, sondern wird eher geduldig im Inneren kultiviert. Macht hat nichts zu tun mit Geld, Ruhm oder äußerem Schein, sondern mit unserer Beziehung zum Selbst, zur Liebe, zur Authentizität und zum verborgenen Geheimnis des Lebens. Aus der Perspektive von wahrer Fülle und spiritueller Verbundenheit gesehen, sind mächtige Menschen diejenigen, die den stärksten Zugang zu ihren inneren Ressourcen haben.

Unsere Herausforderung besteht deshalb darin, ehrlich mit den Bereichen umzugehen, in denen wir noch den alten Formen von Macht anhängen, und danach zu streben, uns auf eine neue Macht einzustimmen: unsere eigene. Dies wird nicht plötzlich geschehen, doch wenn wir uns von alten Mustern und Vereinbarungen gelöst haben, werden wir uns, im Lauf der Zeit, wieder bewusst mit unserer authentischen Mitte verbinden können.

Vergiss nicht: Wenn wir uns bewusst werden, wo wir den alten Methoden der Macht gefolgt sind, ist das keine Aufforderung zur Selbstverurteilung, sondern eher eine Möglichkeit, diese Gewohnheiten loszulassen und uns wieder unserem Kriegergöttinnen-Selbst zu verpflichten. Je mehr wir uns bewusst werden, welche Vereinbarungen oder Glaubenssätze uns nicht dienlich sind, desto häufiger können wir erneut eine Wahl treffen; wir können bewusste Vereinbarungen treffen, die unterstützen und nähren, wer wir wirklich sind.

Im Äußeren lockt uns die Traumwelt unserer Gesellschaft, mehr Dinge zu kaufen, jung zu bleiben, in einer Partnerschaft zu leben, die Karriereleiter hinaufzusteigen, ein oder zwei Kinder zu haben, im richtigen Moment sexy zu sein und eine Sekunde später die süße Unschuld. Nichts davon ist an sich schlecht. Doch wenn wir diese Dinge nutzen, um ein Gefühl der Leere in uns zu füllen oder um anderen mehr zu gefallen als uns selbst, werden sie unser Gefängnis. Wenn wir ein Leben erschaffen wollen, das auf den Erwartungen anderer begründet ist statt auf einem echten Herzenswunsch, werden wir uns immer so fühlen, als ob etwas fehlen würde, als ob wir nicht wirklich frei wären. Eine tiefere Sehnsucht ruft uns weiterhin zu, dass wir aufhören mögen, uns anzupassen, dass wir die Ketten unserer Ängste lösen, die Meinungen anderer Menschen in den Wind schlagen und unser eigenes wildes Glück finden mögen.

Tief in deinem Inneren flüstert deine Essenz dir zu, dass du dich jetzt an dein Licht erinnern mögest. Das authentisch Weibliche wartet darauf, sich in dir zu verkörpern. Dein Wesen sehnt sich danach, zu erblühen und die Liebe deiner Seele zu teilen. Du nimmst es wahr, du spürst es.

Wenn du dich auf deine innere Fülle einstimmst, wird das Leben herrlich. Jeder Atemzug ist eine Freude. Der äußere Schein zählt nicht mehr. Du weißt um deine Vollkommenheit, und du fühlst dich vollständig, ob du allein bist oder in Gesellschaft von anderen.

Indem du dich auf die Weisheit der Kriegergöttin einstimmst, machst du dir selbst ein großes Geschenk: einen Weg zu wählen, der dich ermutigen wird, die alten Machtstrukturen zu entlarven und auszumisten sowie deine Authentizität wiederzugewinnen. Du versuchst nicht mehr, dir den Anschein zu geben, jemand zu sein, der du nicht bist; stattdessen befreist du deine innere Wahrheit und Schönheit von der Schwere deiner Ängste und veralteten Glaubenssätze. Indem du dich selbst akzeptierst und respektierst, brauchst du mit einem Mal nicht mehr jemand anderes zu sein; du erkennst dich selbst als die einzigartige, vollkommene Schöpfung, die du tatsächlich bist. Alles an dir ist liebenswert, auch die Anteile, die du gern anders hättest.

Es ist Zeit, dir ehrlich einzugestehen, wie du Macht bislang definiert hast, und diese Definition dann vollkommen loszulassen, um *deine* Macht zum Ausdruck zu bringen. Lass all deine Erwartungen los, wie dein Weg aussehen wird oder wie du dich entwickeln wirst. Du weißt es nicht! Es ist ein Geheimnis! Du gewinnst Zugang zu deiner wahren Kriegergöttinnen-Energie, wenn du dich nicht länger als dies oder jenes definieren musst.

Zugang zu einer neuen Form von Macht zu gewinnen bedeutet, die Arbeit zu tun und den Mut zu haben, das dicht gewobene Netz von Grenzen, Versprechen und Urteilen in dir aufzulösen, damit dein wahrer Glanz zum Vorschein kommt und du dich selbst – quasi nebenbei – voll und ganz lieben kannst.

Ressourcen

Geschenke

- Wem oder was du dich verpflichtest – vor allem wenn du es unbewusst tust –, bestimmt dein Handeln und entscheidet über deine Lebensqualität und Lebendigkeit. Möglicherweise trägst du tief sitzende Selbstverpflichtungen bezüglich der alten Machtstrukturen in dir, die dir nicht länger nützen. Es ist Zeit, sich dessen bewusst zu werden und sie loszulassen.
- Zu der Frau zu stehen, die du wirklich bist, ist ein Prozess, der sich in Stufen vollzieht. Dich dir selbst zu verpflichten bedeutet, hundertprozentig Ja zu dir zu sagen – sowohl zu den Anteilen, die du magst, als auch zu denen, die du nicht so gut findest.
- Macht gründet nicht darauf, wen du kennst, was du tust oder wie viel Geld du auf deinem Konto hast. Sie entsteht, wenn du bedingungslose Liebe zu dir selbst entwickelst und ein freudiges Vertrauen in deine Gaben und Fähigkeiten.
- Wenn du loslässt, wer du zu sein wünschst, gewinnst du deine Macht zurück, du selbst zu sein – voller Freude, Ausstrahlung und Schöpferkraft.

Erkundungen

Das Alte loslassen, das Neue gewinnen

In welchen Bereichen hängst du noch an den alten Vorstellungen von Macht? Welche Urteile und Ängste hast du, die auf dem alten Machtmodell gründen? Notiere in den nächsten Wochen deine Antworten auf diese Fragen.

Ein großartiger Weg, dich von diesen alten Strukturen zu lösen, besteht darin, sie zu benennen, ohne dich selbst oder anderen Vorwürfe zu machen. Die folgenden Fragen helfen dir bei den Erkundungen:

- Machst du dein Selbstwertgefühl davon abhängig, wie du aussiehst, oder entspringt es einer inneren Quelle von Selbstakzeptanz und Respekt?
- Gründest du deinen Selbstwert darauf, wie gut du dich auf Kosten deiner selbst um andere kümmerst, oder respektierst du die Wichtigkeit von Selbstfürsorge und liebevollen Grenzen?
- Wird dein Gefühl von Stärke davon beeinflusst, wie viel Geld du hast, wie sexy du bist oder wen du kennst – oder entspringt sie innerem Frieden und Widerstandskraft?

Weibliche Vorbilder

Wer sind deine Vorbilder? Wem möchtest du gern ähnlich sein? Unsere Vorbilder können Lehrerinnen sein, Familienmitglieder, fiktionale Figuren aus Kino oder Fernsehen, Frauen, die in der Öffentlichkeit stehen, oder Frauen aus dem Lebensumfeld. Vorbilder und Mentorinnen sind sehr wichtig, um uns zu motivieren und zu ermutigen, wenn wir neue Wege gehen wollen. Respektiere diese Frauen, die dich inspirieren, für ihre Gaben und ihre Weisheit, doch sei dir bewusst, dass du nicht wie sie sein wirst; gib acht, dass du sie nicht gegen dich verwendest. Denk daran, wie leicht sich eine Selbstverurteilung einschleichen kann. Überlass dich deiner eigenen Entfaltung und nimm dir die Zeit, die du brauchst. Die Fähigkeiten und die Attraktivität anderer Frauen sollten keine Gelegenheit für dich darstellen, dich selbst abzuwerten; lass dich stattdessen von der Schönheit und den Talenten in deiner Umgebung inspirieren und motivieren. Wenn du dir die Namen der Frauen, die dich anspornen, notierst, schreibe auch die Qualitäten und Handlungen auf, die die Kriegergöttinnen-Kraft zum Ausdruck bringen, wie Präsenz, Mut, Leidenschaft, Ehrlichkeit, Mitgefühl und Klarheit. In der nächsten Lektion wirst du mithilfe deines Commitments zu dir selbst eine neue Basis schaffen, indem du dich mit dem Leben in Einklang bringst, statt dich aus Angst damit abzumühen, es zu kontrollieren.

Lektion zwei

Lebe im Einklang mit dem, was ist

Ich liebe es zu sehen, wie ein junges Mädchen hinausgeht und die Welt am Kragen packt. Das Leben ist ein Miststück. Du musst hinausgehen und ihm in den Hintern treten.

MAYA ANGELOU

Über viele Jahre meiner Kindheit lautete einer meiner Lieblingssätze: »Das ist nicht fair!«

Es war nicht fair, dass wir ständig umzogen (in meiner Kindheit acht Mal in vier verschiedenen Ländern). Es war nicht fair, dass meine Schwester in der sechsten Klasse ein neues Fahrrad bekam, bevor ich eines erhielt (schließlich war sie jünger als ich, was das Ganze noch ungerechter machte). Es war nicht fair, dass ich nicht gleich bei meinem ersten Versuch in die Cheerleader-Gruppe aufgenommen wurde und dass ich kleiner war als jeder andere in meiner Klasse.

Als Erwachsene glaubte ich weiterhin, dass das Leben so verlaufen sollte, wie ich es mir wünschte. Wenn es das tat, war ich glücklich. Wenn nicht, ging es mir schlecht. Ohne es zu bemerken, hatte ich mich einer Vorstellung von Glück verschrieben, das von Bedingungen abhängt.

»Das ist nicht fair!« – in dieser Haltung begegnete ich dem College, der Politik und Beziehungen, wo sie sich in eine neue Überzeugung verwandelte: »Wenn ich nur alles richtig machen würde, würde alles so laufen, wie es sollte.« (Ich meine, das klingt fair, oder?) Konnte ich die äußere Welt nicht kontrollieren, versuchte ich, die Dinge zu verbessern, indem ich die Überzeugung »Das Leben ist nicht in Ordnung, wenn ...« veränderte zu »Ich bin nicht in Ordnung, wenn ich nicht ...« Dann musste ich nur noch mich selbst in Ordnung bringen. Das Problem bestand darin, dass das, was ich unter »in Ordnung« verstand, ein Fantasiebild von Perfektion war, das sich änderte, je nachdem, was die Leute in meiner Umgebung von mir zu erwarten schienen.

Wie du dir vorstellen kannst, sorgte diese Haltung für alle möglichen Arten von Unglück. Ich wendete den Glaubenssatz »Ich bin nicht in Ordnung, wenn ich nicht ...« auf alles an, was ich tat, und versuchte, alle Regeln zu befolgen, damit man mich akzeptieren und lieben konnte.

Am College, an dem ich mich politisch engagierte und für Gerechtigkeit einsetzte, gab es einen Katalog von unausgesprochenen Regeln, die vorschrieben, wie ich aussehen und mich verhalten musste, um »in Ordnung« zu sein: einen langen Rock und ein T-Shirt tragen, auf dem eine politische Parole abgedruckt war. Keinen BH. Die Haare lang wachsen lassen. Jeden verurteilen und verdammen, der nicht auf unserer Seite war. Wütend sein und über das Establishment schimpfen.

Später tauchte ich in die spirituelle Welt ein, und hier gab es einen anderen Katalog von unausgesprochenen Regeln: Liebe jeden. Trage weite, fließende Kleidung und eine Menge heiligen Schmuck. Vertraue. Sei immer liebevoll, großzügig und selbstlos. Hilf anderen.

Wenn wir versuchen, eine Person zu sein, die wir meinen, sein zu sollen, oder wenn wir uns unbewusst bemühen, immer allen Regeln gerecht zu werden – den ausgesprochenen ebenso wie den unausgesprochenen Vereinbarungen –, wird unser Handeln von Furcht bestimmt. Egal, wie großartig die Organisation, die Gemeinde, die Religion, die spirituelle Ausrichtung, die Familie, die Partnerschaft oder das Unternehmen sein mögen, bringen wir doch immer unsere Angst mit, nicht akzeptiert zu werden, abgelehnt zu werden, alles »richtig« machen zu müssen.

In der Folge bemühen wir uns, uns so zu verbiegen, dass wir dem Wunschbild entsprechen. Dabei sagen wir uns immer dasselbe: Du bist so, wie du bist, nicht in Ordnung. Wir stimmen uns ein auf die Person, die wir sein sollen, statt wir selbst zu sein.

Und es ist vor allem diese Ausrichtung auf das, was wir im Äußeren sein sollen, was uns innerlich verrückt, unglücklich und konfus macht.

Während meiner Ausbildung bei Don Miguel Ruiz, dem Autor von *Die vier Versprechen,* tauchte ich tief ein in die toltekischen Lehren seiner Familie. Die toltekische Philosophie weist uns einen Weg in die Freiheit, indem sie uns ermutigt, all unsere Vereinbarungen zu hinterfragen. Auf diese Weise sind wir nicht länger Gefängnisaufseher unseres Geistes, sondern entwickeln uns zu Künstlern unseres Bewusstseins.

Der toltekische Meister Allan Hardman schreibt (die Hauptwörter wurden in die weibliche Form geändert):

Als eine Künstlerin des Bewusstseins weiß die moderne Toltekin, dass es keine Regeln gibt, denen sie folgen muss, kein Glaubenssystem, dem sie sich unterzuordnen hat, und keine Anführer, denen sie zu gehorchen gezwungen ist. Sie sucht die völlige Freiheit von Angst und die absolute Hingabe an Liebe und Akzeptanz. Die moderne Toltekin entdeckt ein Glück, das seine Ursache darin hat, dass Liebe und Akzeptanz aus ihrem Inneren fließen, und sie weiß, dass es hier einen endlosen Vorrat an Liebe gibt – es entspricht ihrer Natur zu lieben. Sie umarmt das Leben, tanzt in Freude und Dankbarkeit für jeden Moment ihres Daseins. Dies ist der toltekische Weg, und dies ist die moderne spirituelle Kriegerin – eine Künstlerin des Bewusstseins.

Die Wahrheit ist einfach: Das Leben ist vollkommen unvollkommen, unvorhersehbar und unerklärlich. Eine Kriegergöttin versucht nicht, das Leben zu kontrollieren oder es auch nur zu verstehen. Unsere Aufgabe besteht darin, bewusst zu entscheiden, auf was wir uns einstimmen – und dann loszulassen und in Freude und Dankbarkeit für jeden Moment des Daseins zu tanzen.

Die Wahl, die wir zu treffen haben, ist letztlich die zwischen Angst und Liebe. Möchtest du dem Leben als strafender Richter oder eingeschüchtertes Opfer begegnen – oder als Künstlerin, die sich an den vielen verschiedenen Farben und Formen der Schöpfung erfreut? Möchtest du ringen um das, was sein sollte, oder einfach mit dem, was in diesem Moment ist, mitfließen? Wenn wir die Zyklen des Lebens ehren, lernen wir, alle Texturen und Qualitäten zu lieben und von ihnen zu lernen, von den scharfen Kanten bis zu den seidigen, weichen, glücklichen Wendungen.

Als Kriegergöttinnen sind wir alle »Work in Progress«, unfertige Prozesse. Ich bin nicht immer dazu fähig, in Situationen, in denen sich die Dinge schwierig entwickeln, Vertrauen zu haben, doch wenn es mir gelingt, fließt mein Leben in Schönheit, Freude und Leichtigkeit. Und ich habe gelernt, dass ich in Krisenzeiten, zum Beispiel als meine Ehe in die Brüche ging, mehr Raum für Hingabe statt für heftiges Verurteilen schaffe, wenn ich sanft und freundlich mit mir umgehe und ich mich in der Praxis des Loslassens übe.

Veränderung ist natürlich. Sobald wir die Zyklen des Lebens ehren – geboren werden und sterben, sich finden und sich trennen – und die Schönheit in beidem sehen, der erblühenden Blume in ihren strahlenden Farben *und* der welkenden Blüte, die sich braun verfärbt, finden wir unser Gleichgewicht und unsere Selbstakzeptanz zurück.

Das Leben verläuft in Zyklen

Das Leben fließt in uns und um uns herum und verbindet uns mit der ganzen Natur. Leben ist die kreative Kraft des Göttlichen; ihre Quelle ist unbegrenztes Potenzial. Allen Dingen, vom Felsen über die Blume bis zu unseren Knochen, wohnt reines Potenzial inne, das eins mit der Quelle ist.

Wir haben immer und überall Zugang zu dieser spirituellen Gabe, da wir selbst Teil der Lebenskraft sind und deshalb unauflösbar verbunden mit Gott/der Göttin/der Erde/dem Himmel. Doch unsere Aufmerksamkeit wird meistens völlig von unserem Alltag und unseren Anhaftungen in Anspruch genommen, oder von unserem großen Interesse daran, dass Situationen einen bestimmten Ausgang nehmen. Oft nehmen wir die Unermesslichkeit unseres Daseins gar nicht wahr, weil wir uns auf die

Details und Dramen unserer Umgebung konzentrieren. Wir bleiben am Rand des Lebens stehen und vergessen die tiefe Verbindung, die wir eigentlich haben.

Das Leben fließt und bringt rasch Veränderung und Wachstum.

Wenn wir uns mit dem Leben in Einklang bringen, entscheiden wir uns dafür, mit *allem* in Einklang zu sein, nicht nur mit den Dingen, die wir mögen oder die uns angenehm sind – und nicht nur dann, wenn alles sich nach unseren Wünschen entwickelt. Im Einklang mit dem Leben zu sein bedeutet, zu wissen und zu akzeptieren, dass Älterwerden, Tod, Krankheit, Naturkatastrophen, Unfälle und menschliche Unzulänglichkeiten dazugehören – alle diese Dinge werden unseren Kurs ändern. Sich auf das Leben einstimmen heißt verstehen, dass wir die Zyklen der Natur nicht ändern können.

Wir leiden, nicht weil das Leben so schwer und unvorhersehbar ist, sondern weil wir an unseren Wünschen und Erwartungen anhaften. Zyklisches Leben lehrt uns, das Auf und Ab des Lebens zu umarmen. Indem wir uns auf die Wahrheit einlassen, erfahren wir, wie wir unsere Vorlieben und Träume hinter uns lassen und die natürlichen Zyklen der Dinge in ihrem Entstehen und Vergehen begreifen können. Wir lernen, nichts persönlich zu nehmen, schon gar nicht die Lebenskraft selbst.

Das kann durchaus einen Tanz bedeuten! Je mehr wir in unsere Mitte kommen, lernen wir, unseren persönlichen Willen und spirituelle Hingabe in Balance zu bringen. Wir beginnen zu verstehen, was wir wirklich wollen, und setzen hundert Prozent unserer Energie dafür ein. Doch müssen wir gleichzeitig die Wahrheit akzeptieren, dass das Universum viel, viel größer als wir ist! Wenn wir einfordern wollen, dass unsere Bedürfnisse erfüllt werden, oder uns als Opfer fühlen, falls nicht alles nach unserem Gusto verläuft, fallen wir wieder in die alte Wunschvorstellung zurück, dass wir alles um uns kontrollieren können.

Der Gedanke, dass wir andere Menschen und Dinge kontrollieren könnten, ist eine Illusion. Hin und wieder, wenn wir unseren ganzen Willen auf eine Situation richten, erhalten wir, was wir uns wünschen, und unterliegen dann dem falschen Glauben, dass wir die Kontrolle hätten. Doch in Wahrheit besteht der einzige Weg, authentisch zu sein, darin, die Ebbe und Flut des Lebens nicht von der Warte des eigenen Wollens zu betrachten, sondern von der Warte des Lebens selbst. Das Leben bestraft Menschen nicht »persönlich« oder lässt sie leiden; es bewegt sich einfach weiter. Nur wenn wir fordern, dass das Leben auf diese oder jene Art funktionieren soll, leiden wir in unserer Selbstbegrenzung. Von der Warte des Lebens aus ist der Tod eines Kindes oder die Zerstörung durch einen Hurrikan genauso Teil des Lebens wie ein Sonnenuntergang oder eine neue Verliebtheit.

Es ist leichter, über diese Lektion nachzudenken, als sie umzusetzen, denn sie bedeutet eine radikale Veränderung der Sichtweise auf die Welt und uns selbst. Sie beinhaltet, dass wir die Opfer-Täter-Dualität hinter uns lassen, ebenso die inneren Stimmen, die uns zuflüstern: »Oh, ich bin hilflos, es gibt keine Hoffnung und keinen Sinn im Leben«, oder: »Ich kann alles schaffen, was ich will, und habe niemals irgendwelche scheußlichen Gefühle oder unangenehmen Erfahrungen.« Zwischen diesen beiden Haltungen gibt es einen Ort von Demut, Sanftheit und großem Vertrauen.

Um sich auf diese Weise in Einklang mit dem Leben zu bringen, beginnen Kriegergöttinnen, der Weisheit der Ahninnen zu folgen und vom »linearen Leben« unserer modernen Zeit zu einem natürlicheren, ruhigeren »zyklischen Leben« überzugehen.

Beginne, in Zyklen zu leben

Lineares Leben ist zielorientiert und voller Erwartungen. Wir leben linear, wenn wir glauben, dass wir, wenn wir A tun, dann B und schließlich C, unausweichlich bei D ankommen. Oder wenn wir erwarten, dass etwas automatisch geschehen muss. Ungeduld, Verurteilung, Stress und Frustrationen können die Folgen von zu viel linearem Leben und Denken sein.

Auch wenn es viele Bereiche gibt, in denen lineares Denken von unschätzbarem Wert ist (wie unseren Kontostand ausgleichen, einem bestimmten Rezept folgen oder ein größeres berufliches Projekt organisieren), kann es ein enormes Hindernis für unsere Kreativität, unsere Freude und unser seelisches Wohlbefinden bedeuten, wenn wir unser Leben so leben, als wäre es vorhersehbar linear.

Als junge Erwachsene rebellierte ich sowohl gegen lineares als auch zyklischen Denken. Ich wollte einfach, was ich wollte und wann ich es wollte. Ich wollte weder in logischen Schritten vorgehen, noch wollte ich geduldig sein und Zyklen respektieren. Doch das Leben hat seine besondere Weise, uns zu zeigen, dass das Voranschreiten in »richtigen« Schritten nicht unbedingt das gewünschte Ergebnis garantiert. Ich denke an meine Freundin Laura, die ihren geliebten Freund heiratete, ihr Ingenieursdiplom erwarb und einen großartigen Job antrat. Als ihr Mann an Krebs erkrankte, kümmerte sie sich systematisch darum, dass er Zugang zu jeder nur denkbaren Heilmethode erhielt, von der Schul- bis zur Alternativmedizin, in dem Glauben, sie könnte die Lösung finden, wenn sie nur die richtigen Schritte tat. Als er starb, brauchte sie Jahre, um zu verstehen, dass das Leben ein Zyklus ist und dass ihr Versuch, den Ausgang zu kontrollieren, ihr Leiden noch verstärkte.

Heute liebe ich beides, das lineare wie das zyklische Denken. Ich habe festgestellt, dass sich das lineare Denken weniger als Lebensstil, jedoch wunderbar als Werkzeug eignet – eingebettet in den Fluss der natürlichen Lebenszyklen. Wenn wir versuchen, das Leben in einen logischen, linearen Rahmen zu pressen, leiden wir. Öffnen wir uns dagegen für die Weisheit der Zyklen von Ebbe und Flut, wie es unsere Vorfahren taten, gedeihen wir.

In früheren Zeiten richteten sich Menschen und Gemeinschaften an den zyklischen Veränderungen der Natur aus; sie versammelten sich, um die Tagundnachtgleichen und die Sonnenwenden zu feiern. Jeder Teil des Zyklus, vom letzten Todesfall bis zur nächsten Geburt, wurde geehrt. Die Zusammenkünfte schenkten allen eine Pause vom Alltag, um die Wandlungszyklen in ihrer Gemeinschaft bewusst zu erleben, und die Möglichkeit, an allem teilzunehmen, was sich seit ihrer letzten Zusammenkunft geändert hatte. Dies gab ihnen das Gefühl, Teil eines Ganzen zu sein, und zu entscheiden, worauf sie ihre Energie in den kommenden Monaten richten wollten.

Heute fühlen sich viele abgeschnitten von der zyklischen Natur des Wandels. Elektrisches Licht, feste Arbeitszeiten und das lineare Denken schaffen eine Distanz zum natürlichen Wechsel von Ebbe und Flut. Dass wir über E-Mails und Textnachrichten unmittelbar kommunizieren können, lässt uns glauben, dass auch innere Transformation oder äußere Veränderung in einem einzigen Augenblick geschehen könnte. Die Folgen dieses mentalen Drucks sind Frustration, Selbstablehnung und Verwirrung.

Der Lebenszyklus einer Pflanze ist eine schöne Metapher für alle Zyklen. Wenn wir einen Samen in den Boden pflanzen, vertrauen wir ihn der Dunkelheit der Erde an. Ein wunderbarer, verborgener Prozess findet statt, der in dem harten Samen Risse bildet, um das Leben hinauszulassen. Wenn wir diesen Samen immer wieder ausgraben, um zu sehen, ob er schon keimt, riskieren wir, dass der Wachstumsprozess unterbrochen wird. Drängt sich die erste frische grüne Ranke durch den Erdboden, braucht unsere kleine Pflanze Fürsorge: Sonne, Wasser und Pflege. Zu viel oder zu wenig Sonne oder Wasser kann unseren zarten Sprössling vernichten, deshalb müssen wir auf ihn aufpassen und wahrnehmen, was er braucht. Wenn er größer wird, braucht er andere Dinge.

Dann kommt eine Zeit, wenn die Pflanze ihre Blätter verliert und eine Ruhezeit einkehrt, oder sie erreicht das Ende ihres Lebenszyklus. Ihre Energie fließt zurück in den Erdboden und bietet der nächsten Pflanze Nahrung, um zu wachsen.

Wenn wir ein neues Projekt, eine neue Beziehung oder eine neue spirituelle Praxis beginnen, pflanzen wir einen Samen. Es braucht ein gewisses Maß an Vertrauen, um etwas Neues zu beginnen, einen Sprung in das Mysterium des Wachstums.

Manchmal keimt der neue Same der Veränderung, manchmal nicht. Um einer neuen Idee, einer Beziehung oder einer Absicht die beste Chance für Wachstum zu bieten, müssen wir auf seine Bedürfnisse hören und ihn bewusst mit unserer Aufmerksamkeit, Präsenz und Fürsorge nähren – wie eine zarte Pflanze. Wir werden das auf unserem Weg lernen. Und alles hat einen Lebenszyklus. Wenn etwas zerbricht oder verloren geht, ehren wir den Zyklus des Loslassens und der Trauer, bis wir in Dankbarkeit zurückschauen können. Dann können wir erforschen, was wir im nächsten Zyklus besser machen können.

Erinnere dich, du kannst das Leben nicht kontrollieren. Es entfaltet sich auf unerwartete Weise. Als Kriegergöttin weißt du, dass deine Macht nicht darauf gründet, wie stark du dich allem, was du nicht willst, widersetzen kannst, sondern darauf, wie ruhig und heiter du dich in Einklang mit den Herausforderungen des Lebens bringst. Und ein großer Teil der Arbeit besteht darin, zu lernen, wie Absicht und Hingabe auszugleichen sind, das heißt zu wissen, wann du dich für etwas einsetzt und wann du es loslässt und dem Fluss des Lebens vertraust.

Indem eine Kriegergöttin die Zyklen des Lebens anerkennt und sich auf sie einstimmt, statt sie zu bekämpfen, versteht sie, dass es keine Schwäche, sondern eine Stärke bedeutet, wenn sie sich im Fluss des Lebens vorwärtsbewegt. Jeder einzelne unserer »Tiefpunkte« in diesen Zyklen hat uns Geschenke anzubieten, wenn wir willens und in der Lage sind, sie zu erkennen.

Sich auf das Manifestieren einstimmen

Wenn wir uns in Einklang mit dem Leben bringen, lernen wir eine wunderschöne toltekische Kunst: uns hundert Prozent klar darüber zu sein, was wir wollen (unsere Absicht), und hundert Prozent in Frieden mit dem Ausgang zu sein – und beides in Balance zu halten.

Nehmen wir an, du wünschst dir ein neues Auto. Du möchtest einen roten Wagen, am liebsten den schnittigen Toyota Prius, den dein Nachbar fährt. Du träumst von ihm, entwickelst deine Intention, wünschst und hoffst. Eigentlich hast du nicht genug Geld, um dir ein neues Auto zu kaufen, trotzdem lässt du hundert Prozent deiner Energie in deinen Wunsch nach diesem Wagen fließen.

In der Zwischenzeit schickt dir das Universum viele Geschenke: ein wunderschönes rotes Fahrrad, einen Gebrauchtwagen, die Möglichkeit einer Fahrgemeinschaft. Du ignorierst sie alle, da du fixiert bist auf den Toyota Prius. Die Wahrheit ist: Wenn du dir Zeit nimmst und erspürst, was deine wahren Bedürfnisse sind – sicherer Transport, angemessener Benzinverbrauch, niedriger Schadstoffausstoß –, wirst du rasch entdecken, dass das Universum dir genau das angeboten hat. Dein Ego allerdings möchte sich reich und sexy in einem brandneuen roten Toyota Prius fühlen.

So oft ist das Leben im Fluss und bringt uns Geschenke, echte Geschenke, die unsere höchste Intention nähren würden, doch wir verpassen sie, weil wir auf Bequemlichkeit, einen alten Traum oder ein Bild ausgerichtet sind, wie die Dinge unserer Meinung nach zu sein haben. Um dich in Einklang mit dem Leben zu bringen, musst du dir zuerst darüber klar werden, was du dir gerade jetzt auf emotionaler Ebene wünschst. Spinnen wir das oben genannte Beispiel weiter und nehmen wir an, du fühlst in dich hinein und erkennst, dass es bei dem Wunsch nach einem neuen Wagen um einen verlässlichen Transport geht, der gleichzeitig sicher und erschwinglich ist. Wenn dann das rote Fahrrad auf deiner Türschwelle erscheint, wirst du es als das erkennen, was es ist: »Ah, dies ist die Manifestation meines Wunsches nach einem roten Auto, was eigentlich meinem Wunsch nach einem geeigneten Transportmittel entspricht! Und, cool, es wird mir auch bei meinem Wunsch helfen, meinen Körper in Form zu bringen!« Das heißt, sich auf das Leben einzustimmen.

Was du manifestieren willst, ist manchmal auch etwas Seelisches wie »Ich möchte mehr Frieden in meinem Leben« oder »Ich möchte mich selbst lieben«. Es wirken dieselben Prinzipien, gleich, ob du einen neuen Job oder Selbstliebe manifestieren willst. Werde dir klar über deine

Absicht. Öffne dich für jeden Weg, auf dem es sich manifestieren wird. Sei aufmerksam.

Das Paradox besteht darin, dass du weißt, was du willst, hundert Prozent deiner Energie darauf richtest und dann deine Intention in eine höhere Kraft loslässt. Arbeite mehr mit deinem Gefühl als mit deinem Geist. Bleibe offen und neugierig auf das, was geschieht. Manchmal erscheint ein Hindernis, das überwunden werden muss, bevor du dich voll für deine höchste Möglichkeit öffnen kannst. Der Weg der Kriegergöttin lehrt dich die Praxis, Hindernisse aufzulösen, ohne zu leiden oder sie gegen dich selbst zu verwenden.

Wie also weißt du, ob du im Einklang mit dem Leben bist oder Druck ausübst? Wenn die Sache, auf die du dich fokussierst, sich nicht sofort manifestiert oder wenn sie sich zwar manifestiert, aber nicht so, wie du es gewollt hast, oder wenn sie sich schlicht überhaupt nicht manifestiert – leidest du dann? Wenn du leidest, weil du etwas nicht erhalten hast, was du dir gewünscht hast, weißt du, dass du am Ergebnis haftest. Du stimmst dich nicht voll auf das Leben ein, sondern auf deine Anhaftung daran, wie die Dinge sein sollten. Wenn du nicht leidest, sondern ein neues Gefühl von »Ja! Lass es uns noch einmal versuchen!« verspürst, dann bist du mit dem Leben in Einklang.

Es ist viel Raum vorhanden für unerwartete Ergebnisse und die Freude, sich auf dem Weg zu befinden, unabhängig davon, ob eintritt, was du erhofft hast. Du magst Trauer, Bedauern oder Ärger empfinden, doch es ist keine Geschichte damit verknüpft, es sind nur Emotionen, die dich überkommen und wieder vergehen; danach fühlst du dich klarer und offener (und manchmal durch den Prozess des Loslassens ein wenig erschöpft).

Die geistige Haltung eines Opfers verleiht dieser Energie etwa folgenden Ausdruck: »Das ist nicht fair! Warum passiert das ausgerechnet mir? Warum hat Gott mich verlassen? Ich bin allein. Ich bin hilflos. Ich bin schuldig. Es ist meine Schuld. Es ist die Schuld meiner Eltern. Das ist nicht in Ordnung.« Die geistige Haltung von Widerstand und Verurteilung äußert sich eher in dieser Weise: »Das ist eine fürchterliche Situation, die fürchterliche Menschen verursacht haben. Sie müssen bestraft werden! Es ist ihre Schuld! Ich muss mich dafür rächen, und ich werde meine ganze Wut einsetzen, um das zu tun!«

In beiden Fällen hören wir auf, dem Fluss des Lebens zu lauschen, und fixieren uns auf unsere inneren Stimmen. Diese Stimmen kommen nicht aus unserer höchsten inneren Quelle, sondern von unseren Egos und unserer Anhaftung an alten Glaubenssätzen. Und wann immer wir ihnen erlauben, uns zu kontrollieren, leben wir eher nach unbewussten Vereinbarungen, die irgendwann in der Vergangenheit getroffen worden sind, als in der Schönheit und im Frieden, die in diesem Moment zu finden sind.

Eine Schülerin des *Warrior Goddess Trainings* aus Austin schrieb mir kürzlich, um sich für ihr Fehlen im Kurs zu entschuldigen. Ihr arthritisches Rheuma bereite ihr furchtbare Schmerzen, weshalb sie ihrem Körper Ruhe gönnen müsse. Später stellte sie mir in einer E-Mail folgende Frage: »Ich bemühe mich so sehr darum, mich nicht zu verurteilen und meinen Körper zu akzeptieren, wie er gerade ist. An manchen Tagen ist das nicht leicht. Wie akzeptiere ich etwas, was ich nicht will?«

Es ist keine leichte Aufgabe zu akzeptieren, was wir nicht wollen – insbesondere, wenn es sich dabei um Schmerz oder Leiden handelt. Ich antwortete ihr mitfühlend und lud sie ein, achtsam zu sein für das, was mit ihrem Körper gerade geschah, ohne sich gleich zu überlegen, wie es morgen sein würde. Akzeptieren heißt nicht, aus Hilflosigkeit entmutigt zu kapitulieren; akzeptieren und sich auf das Leben einstimmen bedeutet ein aktives, tapferes Sich-Einlassen auf das, was ist. Wenn wir uns selbst die Wahrheit über genau diesen Moment sagen (»Gerade jetzt braucht mein Körper Ruhe«), dann können wir achtsam bleiben und darauf lauschen, wie wir den Körper, die Situation und die Lebensphase am besten nähren und fördern können. Wenn es uns gelingt, unsere Begrenzungen zu lieben, finden wir kreative Wege, um uns selbst zu lieben.

Der Übergang von der Einstimmung auf unsere Vorlieben und unser Ego zur Einstimmung auf das Leben ist ein großer Sprung, und er benötigt viel Zeit, Übung und Vertrauen. Doch der Lohn dafür ist immens. Sei geduldig mit dir und tu diese Arbeit Schritt für Schritt. Stell dir immer wieder die Frage: »Was möchte ich wirklich?« Lass deinen anfänglichen Wunsch los und gehe in deine tiefste Sehnsucht. Wie kannst du dir diese Qualität selbst geben – jetzt?

So oft suchen wir im Äußeren nach etwas, was uns erfüllt. Wir stimmen uns am besten auf das Leben ein, indem wir lernen, uns zu öffnen und die Energie, nach der wir uns sehnen, in unser eigenes Dasein zu bringen. Wenn du dich in diesem Zustand der Fülle befindest, wird sich deine Vision klären, der goldene Faden des Geistes wird dir Führung bieten, und du wirst Zugang erhalten zum unendlichen Potenzial des gegenwärtigen Moments.

Ressourcen

Geschenke

- Das Leben ist weder fair noch unfair. Das Leben ist eine Kraft, die sich kontinuierlich bewegt und wandelt.
- Indem du vom linearen Leben zum zyklischen Leben übergehst, verringerst du Stress und kehrst zurück in deinen natürlichen Zustand der Harmonie und Balance.
- Im Einklang mit dem leben, was ist, bedeutet ein hundertprozentiges Commitment zu den eigenen Absichten oder Zielen *und* ein hundertprozentiges Akzeptieren des Ergebnisses, wie auch immer es aussehen mag.
- Auch wenn du das Leben nicht kontrollieren kannst, kannst du entscheiden, wie du auf das, was das Leben dir bringt, antwortest und reagierst.

Erkundungen

Klarheit gewinnen

Was willst du wirklich? Manchmal ist diese Frage schwer zu beantworten. Beginne, Eigeninitiative zu entwickeln, um Klarheit zu erhalten, und frage dich mehrmals am Tag: »Was will ich jetzt gerade?« Dann verbinde diese Klarheit mit dem achtsamen Beobachten, was jetzt gerade geschieht und was möglich ist. Hier ist ein Beispiel: Ich werde still, lausche auf meinen Körper und fühle, dass ich mittags thailändisch essen möchte, statt die Hamburger zu verzehren, die mir jemand mitbringen könnte (Klarheit). Nun muss ich aber eine Deadline einhalten und habe keine Zeit, um thailändisch essen zu gehen (Realität). Also frage ich mich erneut: »Was möchte ich?«, und nehme wahr, dass ich etwas Leichtes essen will. Schließlich entscheide ich mich für die Salatbar im Deli um die Ecke.

Dieses einfache Beispiel lässt sich auf komplexere Dinge übertragen. Der Vorgang ist stets derselbe. Frage dich selbst, was du willst. Werde dir bewusst, was jetzt gerade geschieht und möglich ist. Frage dich wieder, was du willst. Nimm wahr, wie du dich mit diesem Moment in Einklang bringen kannst.

Die kleinen Dinge loslassen

Übe, übe, übe! Hingabe und Loslassen erfordern viel Übung. Nutze also jede Gelegenheit, die sich dir bietet, um Dinge auf sanfte Weise loszulassen. Fange klein an. Gibt es irgendetwas in deiner Wohnung, was du nicht magst? Verschenke es an einen wohltätigen Verein oder an jemanden, dem es gefällt. Gib die Kleidung, die du nicht mehr trägst, in die Altkleidersammlung. Wenn etwas in deinem Leben nicht gut funktioniert, lass es los und schau, ob etwas anderes besser funktioniert. Wo sonst kannst du Loslassen und Hingabe praktizieren? Nimm all die kleinen Dinge in deinem Leben wahr, an denen du üben kannst, deine Hände zu öffnen und loszulassen. Das wird dir dabei helfen, bei den größeren Lebensthemen loszulassen, wenn es beispielsweise um das Ende von Beziehungen geht, um das Älterwerden oder berufliche Veränderungen.

Stell dir zum Abschluss dieses Kapitels vor, du hältst die ersten zwei Kriegergöttinnen-Lektionen in den Händen; links befindet sich das Commitment zu dir selbst, rechts die Einstimmung auf das Leben. Sage

Ja zu diesen beiden Verbündeten und lade sie ein, deine neuen Ohren und Augen zu sein. Halte sie liebevoll bei den Händen und überlass dich bei allem, was du tust, ihrer Führung.

Die nächste Lektion bildet den dritten Teil des Fundaments, das dir Stabilität verleiht. Du wirst lernen, wie du die Sichtweise, dass du nicht gut genug bist, auf lebendige Weise transformierst in eine tiefe, respektvolle Wertschätzung für dich selbst. Wir werden spielerisch erkunden, wie Hindernisse überwunden werden können, sodass du in deinem natürlichen Glanz erstrahlen kannst. Lass uns aufbrechen, Kriegergöttin!

Lektion drei

Reinige dein Selbst

Aufhören, perfekt zu sein, und beginnen,
man selbst zu sein – das ist eine Sache,
die wirklich schwierig und wirklich großartig ist.

ANNA QUINDLEN

Auf unserem Weg der Kriegergöttin konzentrierten wir uns in den ersten zwei Lektionen auf das Commitment zu uns selbst und die Einstimmung auf das Leben. Damit beide effektiv wirken können, müssen wir zunächst etwas reinigen, was ich »Gefäß« nenne. Dieses Gefäß steht für das heilige Behältnis des Bewusstseins, in dem alles von dir enthalten ist. Dein Verstand, deine Energie, deine Gefühle und dein physischer Körper ergeben zusammen das Gefährt deines Geistes oder – anders ausgedrückt – die unsichtbare Essenz, die deinen Kern bildet. Dein Gefäß beherbergt deinen Geist, und dein Geist kann sich nicht ganz ausdrücken, wenn dein Gefäß beladen ist mit Dingen, die dir nicht dienlich sind.

Das bedeutet vor allem, dass wir uns unserer Glaubenssätze, Geschichten und Ängste bewusst werden und uns ihrer, zusammen mit allem anderen, was unser System blockiert, entledigen. Dafür müssen wir unsere Kriegerinnen-Ärmel hochkrempeln und uns an die Arbeit machen, während wir uns gleichzeitig für die göttliche Schönheit und Inspiration öffnen.

Der erste Schritt im Prozess, alle Aspekte unseres Selbst zu befreien, besteht darin, auf eine neue Weise in Beziehung mit uns selbst zu sein, indem wir unser Gefäß erschaffen – einen imaginären Behälter, der uns hilft, uns auf unser Inneres auszurichten, und uns gleichzeitig davor schützt, uns in der Masse von Meinungen und Geschichten zu verheddern, die den ganzen Tag lang kontinuierlich um unsere Aufmerksamkeit buhlen. Das können Botschaften aus den Medien sein, Ansichten von Freunden oder Erwartungen von Verwandten – alles, was die allzu bekannte innere Stimme von Selbstverurteilung und Selbstzweifel triggert.

Wenn du ein stabiles Gefäß von Selbst-Achtsamkeit um dich herum erschaffen hast, hörst du auf, durch Selbstkritik, Verurteilung, Vergleiche und Zweifel ständig an innerer Kraft zu verlieren. Dieses Gefäß deiner Anwesenheit und Selbstakzeptanz muss so stark sein, dass es den Feuern der Transformation erlaubt, alles, was dir schadet, aufzulösen.

Ein schützendes Gefäß erschaffen

Stell dir ein Gefäß vor, in dem du sanft und sicher aufgehoben bist. Dieses Gefäß umgibt dich liebevoll und definiert klar die Grenzen zwischen allem, was zu dir gehört, und den Dingen, die andere betreffen.

Indem du ein solches Gefäß erschaffst, das dich durch die Veränderung trägt, erhältst du den nötigen Raum, um durch jeden Aufruhr und jede Angst zu navigieren, die deine innere Alchemie erzeugt. Die Hitze der Transformation, die beschleunigte Geschwindigkeit, mit der du von einem Zustand in den nächsten gerätst, erzeugen eine große Menge an Energie, und für manche kann sich das erst einmal unangenehm anfühlen. Ein schützendes Gefäß umfasst alles – das Angenehme, das Unangenehme und alles dazwischen. Es bietet dir ein stabiles Gerüst, das standhält, während du auflöst, was nicht länger für dich funktioniert.

Die Stärke dieses persönlichen Gefäßes wird genährt durch die Energie der Göttin des Mitgefühls und in Balance gehalten durch die Energie des feurigen Kriegerinnen-Commitments. Wenn du dir dieses Gefäß bedingungsloser Akzeptanz baust, wirst du in der Lage sein, dich sicher durch die bewegten Passagen deiner Reise zu bewegen. Lerne, den gesamten Zyklus deines Transformationsprozesses zu lieben, der einen Anfang, eine Mitte und ein Ende haben wird. Auf der Reise wirst du dich herausgefordert, durchgerüttelt, verängstigt, überglücklich und vertrauensvoll fühlen, manchmal alles gleichzeitig! Kannst du größer werden als der Teil von dir, der den Status quo bewacht, weiser als die Myriaden von Strategien, die du einsetzt, obwohl sie dich begrenzen, und offener, als dein Bedürfnis nach Sicherheit verlangt?

Ja! Du kannst lernen, dich selbst zu unterstützen. Ja! Du kannst lernen, deinem Urteil und deiner Intuition zu vertrauen. Ja! Du kannst lernen, dich selbst zu nähren. Das erfordert, alte Glaubenssätze und Verhaltensmuster zu transformieren.

Um ein stabiles Gefäß zu erschaffen, musst du bereit sein für Folgendes:

- Höre auf, dich darüber zu definieren, was du tust oder was du weißt.
- Liebe alle Anteile von dir selbst; respektiere deine Stärken und akzeptiere deine Schwächen.

- Kenne deine Wahrheit in diesem Moment, und halte an ihr auch in schwierigen Situationen fest.
- Wähle deine Freunde und den Kreis deiner Unterstützer bewusst aus.
- Lass deinen Wunsch los, von allen Menschen gemocht zu werden.
- Gehe liebevoll mit dir um, wenn du dich aufgewühlt oder verängstigt fühlst.
- Gehe hinaus und strebe danach, deine höchsten Ziele zu verwirklichen.
- Sei dir selbst deine beste Freundin und treueste Verbündete.
- Befreie dich von Gefühlen, die dir schaden.
- Wenn du Stress hast, sei achtsam mit dir.
- Akzeptiere liebevoll deinen Körper.
- Gehe achtsam mit allem um, was du deinem Körper zuführst.

Einen »Zirkel« zu haben, das heißt, einem Kreis von Menschen anzugehören, die uns unterstützen, ist ein wertvolles Hilfsmittel, um einen heiligen Raum zwischen den spirituellen und den physischen Sphären zu schaffen. Im *Warrior Goddess Training* wird Wert darauf gelegt, dass Kriegergöttinnen sich mit anderen zusammentun, um eine Struktur zu finden, die mental, emotional, spirituell und physisch unterstützend wirkt und ihnen hilft, den wahrhaftigsten Ausdruck ihres inneren Wissens zu finden. Hier findet die Alchemie der Transformation statt. Es wird inspirierend und beängstigend sein, beglückend und einschüchternd, leicht und herausfordernd – mehr als alles, was du dir vorstellen kannst.

Seelischer Hausputz

In der Sicherheit deines Kriegergöttinnen-Gefäßes von Liebe und Präsenz kannst du nun beginnen, deinen Geist zu »reinigen« und seinen Einfluss auf deine Energie, deine Emotionen und deinen Körper zu entwirren. Der erste Schritt, die vier inneren Anteile deiner selbst zu klären, besteht darin, zu erkennen, wo du in diesem Moment stehst. Beobachte achtsam den momentanen Zustand deines Geistes, deines Energielevels, deiner Gefühle und deines Körpers und beantworte die folgenden Fragen:

- Werde dir des kontinuierlichen Geplappers gewahr, das deinen Geist erfüllt. Welche Themen tauchen am häufigsten auf?
- Wie oft nimmst du Phasen der Stille wahr, in denen dein Geist schweigt?
- Ist deine Energie blockiert oder fließt sie frei? Empfindest du deine Energie als strahlend oder verhalten? Wie unbewegt beziehungsweise sprunghaft fühlt sich dein emotionaler Körper an? Neigst du in bestimmten Situationen zum Überreagieren? (Erinnere dich, eine Reaktion kann durchaus nur innerlich stattfinden.)
- In welchem Maß fließen deine Emotionen und sind offen? Kannst du Emotionen einfach loslassen und weitergehen?
- Liebst und respektierst du deinen physischen Körper oder verurteilst du ihn?
- Wie fühlst du dich bezüglich deines Gewichts? Akzeptierst du deinen Körper oder bist du unzufrieden?
- Bist du im Frieden mit deinem Alter und deinem Aussehen, oder verurteilst du sie?

Betrachte die Tabelle unten. Nimm dir jeden Abschnitt einzeln vor und lies die Begriffe in der linken Spalte.

Überblick über das Selbst im Moment	
Mental	**Prozent in diesem Augenblick**
Klarheit/Frieden	
Aufruhr/Verwirrung	
Energetisch	
Strahlen/Fülle	
Düsterheit/Enge	
Emotional	
Fließen/Offenheit	
Stagnation/Reaktivität	
Physisch	
Akzeptanz/Liebe	
Ablehnung/Zurückweisung	

Nimm jetzt wahr, wie du dich innerlich fühlst, wenn du diese Begriffspaare liest. Nimm einen Atemzug. Schließe deine Augen und lade dich ein, zu erkunden, was geschieht, wenn du dich innerlich von einem Pol zum jeweils gegensätzlichen Pol bewegst.

Jetzt verschaffe dir einen raschen Überblick, ohne viel darüber nachzudenken. Schau auf die vier Bereiche in der linken Spalte (mental, energetisch, emotional und physisch) und dann auf die jeweiligen zwei Polaritäten. Notiere dir zu jeder eine Prozentzahl, sodass diese, wenn man sie addiert, zusammen 100 Prozent ergeben. Beispielsweise fühlst du vielleicht 40 Prozent mentale Klarheit und 60 Prozent mentalen Aufruhr in dieser Zeit deines Lebens. Denk nicht darüber nach! Schreibe einfach die Prozentzahlen auf, die dir in den Sinn kommen.

Dies wird dir ein Gefühl dafür geben, wo du noch ein wenig schrubben und polieren musst!

Bevor du weitermachst, lege eine Pause ein und atme ruhig ein und aus. Betrachte die Prozentzahlen, die du in die Tabelle geschrieben hast, und nimm wahr, wie du dich dabei fühlst. Wenn du irgendeine Selbstverurteilung, Frustration, Erschöpfung oder Verwirrung verspürst, nimm dir einen Moment Zeit, um deinen mentalen Zustand auszugleichen. Ja, du hast vielleicht eine Menge Arbeit vor dir. Ja, du bist vielleicht in einigen oder allen Bereichen aus dem Gleichgewicht geraten. Ja, du magst das Gefühl haben, dass du nicht schnell genug Fortschritte machst. Probiere also dies: Führe die Übung erneut durch, jedoch diesmal bezogen auf die Situation vor fünf (oder mehr) Jahren. Beginne die Übung, indem du die Augen schließt und dich in die Vergangenheit versetzt, und dann notiere die Prozentzahlen, die dir in den Sinn kommen, ohne darüber nachzudenken.

Überblick über das Selbst vor fünf Jahren	
Mental	**Prozent vor fünf Jahren**
Klarheit/Frieden	
Aufruhr/Verwirrung	
Energetisch	
Strahlen/Fülle	
Düsterheit/Enge	
Emotional	
Fließen/Offenheit	
Stagnation/Reaktivität	
Physisch	
Akzeptanz/Liebe	
Ablehnung/Zurückweisung	

Diese zweite Tabelle wird dir hoffentlich vor Augen führen, dass du dich innerhalb der letzten fünf Jahre sehr verändert hast. Und du bemerkst vielleicht gleichzeitig, dass einige Bereiche weniger veränderlich sind als andere. Doch alles kann im Lauf der Zeit verändert werden mit der geeigneten Anleitung, Übung und Ausdauer. Wenn du dir deines inneren Richters und Opfers bewusst wirst und lernst, sie einfach nur wahrzunehmen, statt ihren Stimmen zu glauben, wird das deine Transformation sehr beschleunigen.

Der innere Richter und das innere Opfer

Wir alle haben Ansätze zur Selbstsabotage in uns in Form von zwei negativen inneren Stimmen – die eine ist die des Richters, die andere die des Opfers. Beide Stimmen werden von denselben Emotionen genährt, nämlich von Angst und Selbstablehnung.

Der innere Richter oder innere Kritiker prüft permanent, ob wir oder andere etwas falsch machen. Seine Ansprüche sind nicht nur hoch, sie sind unerfüllbar. Nichts, was wir tun, ist richtig. Manchmal konzentriert sich der Richter auf das, was er für unsere eigenen inakzeptablen Mängel hält, manchmal richtet er seinen Blick auf Mängel anderer. In beiden Fällen jedoch verfangen wir uns in Vergleichen und Frustration, wenn wir die Stimme des Richters mit einer Quelle von Weisheit gleichsetzen.

Das innere Opfer – der Ich-kann-es-nicht-und-ich-bin-nicht-gut-genug-Anteil von uns – sucht immer nach der Bestätigung des Richters, die es niemals bekommt. Das Opfer wird stets Ausschau nach einem Richter halten, sei es im Innen oder im Außen, der ihm seine Wertlosigkeit bescheinigt. Wenn wir auf die Stimme des Opfers hören, als wäre sie die Stimme der Wahrheit, verbringen wir unsere Tage in dem Gefühl von Hilflosigkeit und ohne Hoffnung.

Wie können wir freudvoll unser Göttinnen-Dasein entfalten, wenn der Richter so häufig unsere Augen und Ohren ist? Wie können wir die Klarheit einer Kriegerin in unser Handeln bringen, wenn unser Opfer weinend in der Ecke sitzt? Die starke Kriegergöttinnen-Haltung nehmen wir auf folgende Weise ein: Statt dass wir uns selbst als gebrochene, missbrauchte, missverstandene, nicht liebenswerte, unvollkommene Frau sehen, können wir uns als einen wunderschönen Tempel wahrnehmen, als ein Gefäß des Göttlich-Weiblichen, das eine gründliche, heilige Umgestaltung braucht, die aus dem Inneren heraus vollzogen wird. Erinnere dich daran, dass es der Richter ist, der den meisten Schmutz in deinen heiligen Tempel trägt! Und sei dir des Folgenden bewusst: Es gibt einen Unterschied zwischen Beurteilung und Einsicht. Wenn wir über andere oder uns selbst ein Urteil fällen, richten wir noch mehr Durcheinander an; wenn wir etwas einsehen, entsteht keine emotionale oder energetische »Ladung« in uns – wir treffen einfach eine Wahl. Der Unterschied liegt in der Energie. Wenn wir Vorwürfe oder Zurückweisung wahrnehmen, handelt es sich um Beurteilung. Wenn wir dagegen Mitgefühl und Klarheit entdecken, geht es um Einsicht. Ein Beispiel: Ich möchte vielleicht einige Kilogramm abnehmen, die ich im Winter zugelegt habe. Eine Beurteilung würde in etwa so klingen: »Ich bin fett. Ich hasse meinen Körper. Ich wünsche mir, dass die Dinge anders wären.« Einsicht klingt anders: »Ich fühle mich schwerfällig und würde gern fünf Kilogramm abnehmen und besser in Form kommen. Mein Körper würde sich besser anfühlen, wenn ich das täte.«

Nehmen wir ein weiteres Beispiel für Beurteilung und Einsicht in Bezug auf andere: Ich habe eine Verwandte, die sich einmal etwas Geld von mir lieh und es niemals zurückgezahlt hat. Eine beurteilende Aussage würde sich so anhören: »Diese unehrliche, faule Person sollte sich einen Job suchen und ihre Rechnungen bezahlen! Was ist nur los mit ihr? Hat sie überhaupt kein Ehrgefühl?« Einsicht würde sich eher in dieser Weise äußern: »Diese Person hat offensichtlich finanzielle Probleme, die sie lösen muss. Wenn sie mich erneut fragt, ob ich ihr Geld leihen kann, kann ich das entweder tun oder lassen, doch wenn ich ihr Geld leihe, dann ohne die Erwartung, dass sie es mir zurückzahlt.«

In beiden Fällen sorgt Beurteilung dafür, dass wir uns negativ, gewichtig und selbstgefällig fühlen. Einsicht dagegen hinterlässt keine emotionale Ladung.

Wenn du dein Gefäß reinigst, indem du nicht länger den Lügen von Richter und Opfer glaubst, wirst du die Wahrheit erkennen: Du bist kostbar. Dein Geist, deine Energie, deine Emotionen und dein Körper sind heilig, gleich, in welchem Zustand der Verwirrung sie sich in diesem Moment befinden mögen. Du bist ein heiliges Gefäß, ein heiliger Kelch.

Die Heiligkeit deines Wesens kann nicht verletzt, zerstört oder verringert werden. Schichten von Angst können sie bedecken, sie kann Flecken und Schrammen haben. Doch jenseits all deines Selbstbetrugs und deiner Selbstablehnung bist du heil und vollständig.

Erinnere dich: Es gibt keinen Ritter in weißer Rüstung, der dir deinen Hintern rettet. Kein spiritueller Lehrer wird kommen, um dich von all deinen Sünden zu befreien und dich in einen immerwährenden beseelten Zustand zu versetzen. Und dein spiritueller Richter wird dich weder mit Beschämung noch mit Drohung in die Erleuchtung schubsen können, gleich, wie hart du daran arbeitest, alles »richtig« zu machen. In der Realität musst du dein eigener Ritter sein, dein eigener Engel und dein eigener Lehrer – und du wirst dein Richter/Opfer-Monster selbst besiegen müssen.

Lass uns unsere Kriegergöttinnen-Heldinnenreise fortsetzen, indem wir uns von den Richter-Opfer-Geschichten befreien, die auf uns lasten.

Reinigungsübungen

Für die Reinigung unseres Gefäßes ist es hilfreich, den Prozess in viele kleine Schritte aufzuteilen. Weiter unten findest du Anleitungen für solche Schritte, unterteilt in vier verschiedene Bereiche: Geist, Energie, Emotionen und Körper. Beginne, indem du dich auf einen Bereich konzentrierst. Du brauchst nicht hundert Prozent zu erreichen, halte deine Schritte klein!

Greife also einen oder zwei der unten genannten Vorschläge auf; und dann mache einen Zeitplan und setze fest, wie lange du dich ihnen widmen willst. Verpflichte dich dir selbst gegenüber, an deinem Vorhaben festzuhalten. Stell dir vor, dass du mit der heiligen Aufgabe beauftragt bist, den Tempel der Kriegergöttin rein zu halten, und erinnere dich daran, dass *du* dieser Tempel bist. Setze all deine Liebe und Hingabe in diese Aufgabe, aufzulösen, was dir nicht länger nützt, und mehr Licht und Heiligkeit in dein Dasein zu bringen.

Kläre deinen Geist

Dein Geist und deine Gedanken haben einen großen Effekt auf alle Aspekte deines Wesens, deshalb ist es wichtig, hier mit der Reinigung zu beginnen! Wenn der Geist im Beurteilungs- oder Opfermodus feststeckt, bringt er alle möglichen Arten von Schutt in den heiligen Tempel unseres Selbst. Ein gereinigter Geist sieht die Welt durch die Augen eines Beobachters – mit Neugier und Geduld. Diese Übungen werden dir helfen, Klarheit und Ruhe zu finden.

- Meditiere fünf bis zehn Minuten jeden Tag. Übe dich darin, deinen Geist von »Gerümpel« zu befreien und dich auf deinen Atem zu konzentrieren. Beobachte die Geschäftigkeit deines Geistes. Während der Meditation wird dein Geist manchmal die ganze Zeit über vor sich hin schwatzen; bleibe einfach achtsam. Die Praxis der Meditation wird mehr Ruhe in den Rest deines Lebens bringen, auch wenn es manchmal so scheint, als ob du es falsch machst! Vertraue deiner Absicht, in die Ruhe zu kommen. Suche dir weitere Unterstützung in den Literaturempfehlungen im Anhang.

- Triff mit dir die Abmachung, dich nicht selbst zu verurteilen. Achte stets darauf, ob du sie einhältst. Stell dir vor, dass der Richter Schmutz in deinen Tempel trägt und du ihn sofort wieder hinausbeförderst. Sei dir bewusst, dass du dies möglicherweise mehrere Hundert Male am Tag machen wirst. Vermeide sorgfältig, deinen Richter zu nähren.
- Beginne, deine eigene Wahrheit auszusprechen und dir selbst deine Wahrheit zu sagen, ohne dich dafür zu bestrafen. Wenn du bemerkst, dass du jemandem eine Lüge oder nur die halbe Wahrheit erzählt hast, gehe zurück zu der Person und kläre das auf. Es mag dir peinlich sein, doch es handelt sich um eine großartige Übung, die Verwirrung und Aufregung sehr einfach auflöst. Wenn wir uns selbst die Wahrheit sagen über das, was wir in unserem Leben wollen oder nicht wollen, beruhigen wir uns enorm. Wenn wir bereit sind, unsere Wahrheit gegenüber anderen auszusprechen, ohne uns selbst abzulehnen, kehrt unser Gefühl für Integrität zurück. Höre auf, den immer gleichen Tonbändern, die in deinem Kopf laufen, zuzuhören; drücke die Löschtaste und nimm in deiner Vorstellung eine neue Aussage auf, auf die du deine Aufmerksamkeit richten kannst.

Lenke deine Energie

Hast du schon einmal gefühlt, dass jemand hinter dir stand, bevor du ihn gehört oder gesehen hast? Kannst du dir vorstellen, wie es sich anfühlen würde, mit verbundenen Augen in einen Raum voller wütender Menschen zu treten? Gibt es Tage, an denen du dich leer und ausgelaugt fühlst, und Tage, an denen du energetisch »aufgeladen« bist? Wir sind nicht nur physische, sondern auch energetische Wesen, und wir spüren oder erfahren Dinge häufig in unserem Energiekörper, bevor wir sie mental oder physisch wahrnehmen. Unser Energiekörper durchdringt unseren physischen Körper und geht über ihn hinaus, und genau wie unser physischer Körper regelmäßige Bewegung, Aufmerksamkeit und Pflege braucht, braucht dies auch unser Energiekörper. Die folgenden Übungen werden dir helfen, deinen Energiekörper zu reinigen und zu schützen.

- Führe täglich eine energetische Reinigungszeremonie mit Feuer durch. Zünde eine Kerze an und bitte die Flamme, dir zu helfen, festgefahrene Energiemuster mit Feuer aufzulösen, ebenso alle anderen Energien, die du aufgenommen hast und die dir schaden. Atme das Feuer in dein Wesen ein; visualisiere, wie es das verworrene Dickicht alter Vereinbarungen und negativer Energien klärt. Zeichne mit deinen Händen den Rand deines Energiefeldes nach, der sich etwa eine Armlänge von deinem Körper entfernt befindet, und definiere und stärke so deine Grenzen. Dann atme die Lebendigkeit des Feuers ein und fülle dich an mit seiner Energie und Schwingung, bis an die Grenzen deines Energiefeldes.

- Übe dich darin, deine Energie bewusst zu lenken. Wenn wir nicht achtsam sind, kann unsere Energie von den Einstellungen und Meinungen anderer beeinflusst werden. Wenn du empfänglich bist für die energetischen oder emotionalen Zustände anderer, kannst du dein eigenes energetisches Feld besser schützen. Die Energie folgt der Vorstellung, deshalb ist das beste Mittel zur Energielenkung die Imagination. Ich stelle mir gern vor, dass ich einen schönen Umhang trage, der schädliche Energie abhält und nur liebevolle Energie zu mir durchlässt.
- Unternimm einmal die Woche einen Spaziergang oder eine Wanderung in der Natur. Stimme dich ein auf die Bäume, die Naturwesen und die überbordende Lebendigkeit um dich herum und nimm sie in dich auf. Wenn du dich vollkommen erfüllt fühlst, suche nach einer freien Fläche und laufe, so schnell du kannst – für einen raschen Energiekick. Dann halte an. Nimm wahr, wie die Energie dein System durchströmt, und lenke sie in jeden deiner Körperteile. Werde größer, größer und größer! Verbinde dich aus dieser Größe heraus mit der Natur. Jetzt gehe langsam, beruhige deinen Atem und lass all deine Muskeln vollkommen entspannen. Werde innerlich weich. Werde still. Ziehe deine Energie in dir zusammen und lenke sie in die Erde. Werde noch langsamer, halte an und steh eine Weile still da. Finde deine innere energetische Balance. Strecke deine Arme aus und verbinde dich von diesem stillen Zentrum aus mit der Natur. Wiederhole diese Übung dreimal. Damit übst du dich darin, deine Energie fließen zu lassen, und erkundest die Polaritäten von ausgedehnter Energie und stiller Energie.

Lass deine Emotionen natürlich fließen

Kennst du das Gefühl, emotional »überflutet« zu sein? Wie Wasser sind Emotionen immer in Bewegung; wir wollen deshalb jetzt versuchen, unseren Griff auf die Emotionen zu lockern und sie natürlich fließen zu lassen. Unser Leben lang erfahren wir alle Arten von Emotionen, und wir möchten uns selbst erlauben, tief zu fühlen, unsere Gefühle zu reflektieren und dann weiterzugehen. Die folgenden Übungen werden dir helfen, deinen emotionalen Körper zu heilen und blockierte Energie zu lösen.

- Nimm dir täglich fünf Minuten Zeit, ob dir danach ist oder nicht, um einige Emotionen zu erkunden, indem du sie mit dem Körper *bewegst*. Du kannst dabei wild tanzen und schreien, wenn du magst. Nutze deine Stimme; schreie, weine, brumme, rezitiere »Om« … bringe deine Emotionen in Bewegung!
- Eine Übung, um alte Emotionen zu klären: Suche dir einen Spielfilm aus, der die Emotion berührt, mit der du arbeiten willst (Trauer, Angst, Wut etc.). Während du den Film ansiehst, erlaube dir selbst, ganz in die Emotion einzutauchen mit dem Ziel, dass du dir der Geschichte gewahr wirst, die du erzählst. Wenn du aus dem Drama wieder auftauchst, spüre, ob du dich leichter oder schwerer fühlst. Wenn du dich schwerer fühlst, frag dich: Wem musst du vergeben? Was aus der Vergangenheit musst du loslassen? Beobachte dich selbst in den nächsten Tagen, um zu erkennen, ob dein Geist beginnt, diese Geschichte erneut zu erschaffen. Lenke deine Aufmerksamkeit auf ein Mantra, meditiere und atme bewusst – sorge einfach dafür, dass dein Geist die Emotion nicht wieder

entstehen lässt. Sollte die Emotion aber doch wieder auftauchen, dann verschaffe ihr Ausdruck!

- Zwischen dem Geist und dem emotionalen Körper existiert eine sehr starke dysfunktionale Beziehung, die unsere Emotionen in unserem Körper festhält, statt ihnen zu erlauben, an die Oberfläche zu kommen und sich zu klären. Übe dich darin, deine Emotionen nicht durch den Filter des urteilenden Geistes zu sehen, sondern einfach neugierig zu beobachten. Was macht eine Emotion mit deinem Körper, wie fühlt er sich an? Was macht sie mit deinem Energiekörper? Höre auf, darüber nachzudenken, ob deine Emotionen richtig oder falsch sind, gut oder schlecht; beginne, sie aus energetischer Perspektive zu betrachten. Emotionen sind Energie in Bewegung. Wenn wir sie nicht mit Etiketten versehen, verfliegen »negative« Emotionen wie Wut oder Trauer sehr viel schneller, und »positive« Emotionen wie Freude und Glück bleiben häufig länger, weil wir nicht versuchen, sie festzuhalten, und nicht befürchten, dass sie verschwinden könnten. Wie kannst du die schwierigeren Emotionen ausdrücken, ohne mehr inneres oder äußeres Drama zu verursachen?

Liebe und achte deinen Körper

Du kannst dein Gefäß nicht reinigen, ohne dir der Verbindung von Körper und Geist bewusst zu sein. Ich möchte dich einladen, deinen Körper und all seine Eigenschaften vollkommen zu akzeptieren, selbst die, die du nicht magst. Gehe achtsam mit allem um, was du deinem Körper zuführst, sowie mit den Wirkungen, die sie auf ihn haben. Jeder Mensch reagiert unterschiedlich, je nach seinem Metabolismus, seinem Alter etc.

Es gibt keine Methode, die für jeden passt. Die folgenden Übungen werden dir helfen, Zugang zu der heiligen Einzigartigkeit und den Bedürfnissen deines Körpers zu finden.

- Nimm die körperliche Erscheinung anderer nicht als Anlass, um dich selbst zu verurteilen. Höre auf, deinen Körper mit den Körpern anderer Frauen zu vergleichen, und lass eine Zeit lang die Finger von Frauenmagazinen und anderen Medien, sodass du dieser Bilderflut nicht mehr ausgesetzt bist. Beginne, andere Frauen als Kriegergöttinnen-Schwestern zu sehen, und öffne dich für sie, statt neidisch zu sein.
- Nimm eine Zeit lang die Spiegel von den Wänden deiner Wohnung oder decke sie zu und probiere aus, wie es ist, den Körper zu fühlen, statt ihn ständig zu betrachten. Frage deinen Körper: Wovon brauchst du mehr? Wovon möchtest du weniger? Statt deinen Gewohnheiten nachzugehen und schnelle Lösungen zu suchen, nimm dir Zeit und höre auf die tiefe Weisheit deines Körpers.
- Treibe Sport und/oder führe eine Entgiftungskur durch. Wenn du dreimal die Woche trainierst, wirst du dich stärker und mehr in deinem Körper zu Hause fühlen. Während des Trainings kannst du die Zeit nutzen, um deinem Körper Akzeptanz und Dankbarkeit entgegenzubringen.
- Beobachte, welche Wirkung die Nahrung, die du zu dir nimmst, auf deine Gefühle hat. Achte darauf, wie es sich anfühlt, morgens als Erstes einen zuckersüßen Donut zu verspeisen oder eine Pizza am späten Abend. Wie fühlst du dich, wenn du eine Mahlzeit auslässt? Richte deine Aufmerksamkeit auch auf die Wirkung von

Alkohol und anderen Substanzen auf dein Gefäß. Beginne langsam und streiche ein Nahrungsmittel von deinem Speiseplan, das dir nicht guttut. Das können die Pommes frites zum Mittagessen sein, raffinierter Zucker oder Fast Food. Wenn du dich für eine Entgiftungskur oder eine radikale Änderung deiner Ernährung entscheidest, lass dich möglichst unterstützen von einer Person oder einer Gruppe, die sich mit Ernährung und Gesundheit auskennt.

Dein Gefäß zu reinigen ist kein Solo-Job, sondern eine Arbeit, bei der du dich am besten unterstützen lässt von einer Gemeinschaft, Freunden und Personen, die sich mit dem Thema auskennen. Wenn du Menschen findest, die dich so, wie du jetzt bist, bedingungslos wertschätzen und akzeptieren, während sie dich bei der Verwirklichung deiner Ziele und Träume unterstützen, wirst du dich inspiriert und motiviert fühlen, um dich zu verändern und zu wachsen. Wenn dein momentaner Freundes- und Unterstützerkreis sich dem alten Paradigma von Urteil und Opfer verpflichtet fühlt, versuche, neue unterstützende Netzwerke zu finden. In den meisten Städten gibt es Buchhandlungen oder Veranstaltungsmagazine, in denen du Ankündigungen für spirituelle Veranstaltungen oder Adressen von Therapeuten findest, die dich auf deiner Reise zurück zu dir selbst begleiten. Wenn du dich für Unterstützung in Form von Freunden, Therapeuten oder Lehrern öffnest, werden die richtigen Menschen in deinem Leben erscheinen. Es gibt außerdem mittlerweile viele Online-Communities, unter anderem auch Netzwerke für das *Warrior Goddess Training* (auf Englisch, siehe Webadresse im Anhang).

Doch auch mit der besten Unterstützung bleibst du diejenige, die handelt, um dich selbst als Tempel zu entdecken und dein Gefäß zu reinigen. Du bist nicht allein, doch die Arbeit wirst du allein tun. Du kannst das! Übe dich wieder und wieder darin, diese Haltung einzunehmen. Denn wenn die Dinge sich schwierig entwickeln, wirst du dich auf eine klare, positive innere Stimme besser verlassen können als auf die wenig hilfreichen Richter/Opfer-Stimmen, die dir versprechen, dass sie dir helfen wollen, obwohl sie in Wahrheit nur für mehr Durcheinander sorgen.

Die Reinigungsübungen sind nur Vorschläge, die deine Kriegergöttinnen-Kreativität anregen mögen. Bitte verstehe sie nicht als Pflichtprogramm, das du erst absolvieren musst, um mit dem *Warrior Goddess Training* weitermachen zu können; das gilt auch für alle anderen Vorschläge in diesem Buch. Lies einfach weiter, erkunde weiter, gehe weitere Mini-Schritte. Es geht darum, ins Handeln zu kommen, nicht um »perfektes« Handeln.

Deinen Geist, deine Energie, deine Emotionen und deinen Körper zu reinigen ist keine Aufgabe, die in einem Rutsch erledigt werden muss oder deren Schritte auf einer To-do-Liste abgehakt werden sollen, sondern es handelt sich um eine Ausrichtung, die das ganze Leben betrifft. Und die Wahrheit ist, dass das Leben ein Chaos ist. Wenn du dich dir selbst verpflichtest und dich in Einklang mit dem Leben bringst, dann akzeptierst du die Aufgabe der inneren Reinigung nicht als eine widerliche und lästige Pflicht, sondern als eine Kriegergöttinnen-Tat der Selbstliebe.

Ressourcen

Geschenke

- Um dich zu verändern, musst du erst akzeptieren, wo du im Moment stehst, und ein Gefäß des Mitgefühls und der Selbstliebe erschaffen, das deine alten Verhaltens- und Glaubensmuster umfängt.
- Du bist ein Tempel. Bringe die Energie von Wertschätzung, Respekt und Liebe in den Prozess der Reinigung deines Körpers; das Alte herauskehren, um Platz für das Neue zu schaffen, wird dann zu einer Freude werden statt zu einer Strafe.
- Du bist vollständig, schön und mächtig. Höre auf, dir einzureden, dass du fehlerhaft oder ein hoffnungsloser Fall bist.
- Reinige dein Gefäß mental, energetisch, emotional und physisch in kleinen Schritten. Welchen dieser kleinen Schritte kannst du heute tun, um mehr heiligen Raum in deinem Dasein zu schaffen?

Erkundungen

Tägliche Reinigung

Ebenso wie du dir täglich die Zähne putzt und deine Hände wäschst, ist es wichtig, dein inneres Selbst zu pflegen, sodass es rein wird und glänzt. Beginne jeden Morgen und beende jeden Tag mit dieser einfachen Übung. Visualisiere eine Flamme in deinem Bauch. Stell dir dann vor, dass du all deine Sorgen, Ängste, Grübeleien und Schmerzen nimmst und sie dem Feuer anbietest. Visualisiere, wie das Feuer diese Energien in reines weißes Licht verwandelt. Stell dir weiter vor, wie du dich selbst mit dem Feuer segnest, indem du das weiße Licht von deinen Füßen bis zu deinem Scheitel atmest.

Reinigung von falschen Kernglaubenssätzen

Manchmal tauchen größere Themen auf, für die eine langfristige Reinigung auf tieferer Ebene nötig ist. Ich empfehle sehr, ein Tagebuch oder ein Notizbuch zu führen, in dem du festhalten kannst, welche falschen Kernglaubenssätze hochkommen, wie zum Beispiel »Ich bin nicht liebenswert« oder »Ich mache nie etwas richtig«. Gib jedem falschen Kernglaubenssatz den Raum von einer Seite und notiere den Glaubenssatz oben als Überschrift. Schildere dann, wie sich dieser falsche Kernglaubenssatz in deinem Leben manifestiert und wie du dich damit fühlst.

Und jetzt kommt der lustige Teil: die Lügen wegputzen, die sich vom falschen Kernglaubenssatz aus verbreiten wie schmutzige Fußabdrücke auf einem sauberen Boden. Mache ein Brainstorming und sammle Beispiele für Bereiche oder Situationen, in denen dein Kernglaubenssatz *nicht* der Wahrheit entsprach oder entspricht, und schreibe sie auf. Immer wenn du dich an eine Erfahrung erinnerst oder ein Erlebnis hast, die deinem Kernglaubenssatz widersprechen, putzt du einen Teil dieses falschen Glaubenssatzes sauber. Sobald du damit beginnst, die gegensätzlichen Erfahrungen und Wahrheiten zu benennen und dein Muster zu durchbrechen, deinen Kernglaubenssätzen zu glauben, wirst du selbst entdecken, welche Reinigungen dir helfen werden, den Schmutz noch nachhaltiger aufzulösen.

Lektion vier

Erde dich und lass deine Vergangenheit los

Niemand kann dir ohne deine Zustimmung das Gefühl geben, minderwertig zu sein.

ELEANOR ROOSEVELT

Ich wohnte einmal in einem Haus, in dem Glühbirnen explodierten, elektrische Vorrichtungen und Festplatten unerwartet zu brennen begannen und Steckdosen manchmal erst zu rauchen und dann ebenfalls zu brennen anfingen. Es waren zwei Elektriker vonnöten, um diese scheinbar willkürlichen Katastrophen zu beheben, bis wir schließlich entdeckten, worin das Problem bestand: Das komplette Elektrizitätssystem des Hauses war nicht geerdet.

Elektrizität fließt nur dann gleichmäßig, wenn sie mit der Erde verbunden ist. Jedes Haus hat einen Erdleiter, der die elektrischen Ströme »erdet«. Ohne diese Erdung kommen sie aus dem Gleichgewicht – wie in meinem von Glühbirnenexplosionen heimgesuchten Haus.

Wie viele andere alte spirituelle Traditionen (deren Erkenntnisse durch die Entdeckungen der Quantenphysik heute wissenschaftlich untermauert werden) verstanden die Tolteken, dass wir Menschen in erster Linie energetische Wesen sind und erst in zweiter Hinsicht physische Wesen. Und einer der Gründe, warum wir modernen Menschen die energetische Balance verloren haben, liegt in unserem Mangel an angemessener Erdung.

Wenn wir solide geerdet sind, fließt unsere Energie gleichmäßig. Wenn uns diese Erdung fehlt, erleben wir energetische Überflutungen und Zusammenbrüche, dramatische Explosionen und Burn-out.

Wie also können wir uns erden?

Lass uns einen Blick auf die Natur werfen, die uns Vorbilder bietet.

Energetisch betrachtet haben Menschen große Ähnlichkeit mit Bäumen. Ein gut ausbalancierter Baum hat Wurzeln, die tief in die Erde reichen wie ein Erdleiter. Die Wurzeln eines Baumes sorgen sowohl für die Stabilität als auch für den Zugang zur Nahrungsquelle. Je tiefer und weiter die Wurzeln reichen, desto widerstandsfähiger und besser verankert ist der Baum – und desto größer seine Chance, umweltbedingte Veränderungen zu überleben, wie starke Winde oder Dürrezeiten.

Als zum Beispiel der Hurrikan Katrina in einer der verheerendsten Naturkatastrophen der amerikanischen Geschichte die Golfküste verwüstete, wurden 150 Jahre alte Gebäude entlang der Küstenlinie von Biloxi im Bundesstaat Mississippi von den Wirbeln erfasst und viele Meilen ins Inland getragen. Als der Sturm vorüber war, war das Einzige, was entlang der Küstenlinie noch aufrecht stand, die Zypressenbäume, die so gut geerdet waren, dass selbst Winde mit einer Geschwindigkeit von 190 Kilometern pro Stunde ihnen nichts anhaben konnten.

Eine gut ausbalancierte Kriegergöttin verfügt ebenfalls über tiefe energetische Wurzeln, die in die Erde reichen wie ein Erdleiter. Wenn wir auf diese Weise geerdet sind, vertrauen wir auf unsere Fähigkeit, in der Welt zu überleben. Wir vertrauen uns selbst. Wir fühlen uns sicher und beschützt. Wir sind widerstandsfähig.

Die meisten Frauen glauben, dass sie um ihrer Sicherheit willen ihre Wurzeln und ihr Selbstwertgefühl in Menschen oder Dinge legen müssen, die unbeständig sind: den Partner, die Kinder, ihre Jugend, ihren Beruf. Wir definieren uns selbst über unsere Verbindung zu anderen und machen unser Selbstbewusstsein von ihnen abhängig. Obwohl ich glaube, dass Gemeinschaft und die Verbundenheit mit anderen für die meisten Frauen ganz natürlich sind, sind viele von uns extrem aus dem Gleichgewicht geraten, weil uns diese eine, so überaus wichtige Pfahlwurzel fehlt, die uns mit einem gesunden, geerdeten Selbst verbindet. Wir definieren uns komplett über unsere Rollen wie Mutter, Ehefrau, Geschäftsfrau, Therapeutin oder Tochter statt über unsere weibliche Kriegergöttinnen-Essenz.

Nimm dir einen Moment Zeit, um zu erspüren, wo du deine Wurzeln in andere gelegt hast, um Selbstwertgefühl, Sicherheit oder Verbundenheit zu finden.

Was ist deine wichtigste Pfahlwurzel? Lass sie tief reichend und stark werden. Verändere ihre Richtung, wenn sie sich an eine Person oder eine Idealvorstellung geknüpft hat. Verankere dich selbst in der Ewigkeit, in der Erde, in der Lebenskraft. Wo befindet sich deine wahre Quelle von Energie und Stabilität? Forsche, so tief du kannst.

Verankere dich nicht in Dingen und Umständen, die sich ändern werden, sondern in beständigen Gegebenheiten wie in deiner Selbstliebe und in deiner Verbindung mit dem Göttlichen. Wenn du deine Wurzeln in etwas legst, was sich außerhalb von dir befindet, wirst du dich niemals wirklich stabil fühlen. Dein Partner, deine Kinder, Tiere, Wohnungen, Eltern, Freunde und Arbeitsstellen werden sich verändern, gleich, wie beständig und stabil sie dir jetzt erscheinen mögen. Was kann dir wahre Stabilität schenken, sodass du dich hier verankern kannst?

Um ein geerdetes Kriegergöttinnen-Gefühl des inneren Vertrauens und der Sicherheit zu erlangen, benötigen die meisten von uns ein bisschen energetischen Hausputz. Einer der wichtigsten Prozesse, mit dem wir beginnen sollten, ist das Loslassen von alten Geschichten.

Alte Geschichten loslassen

Frauen sind häufig bis zum Rand angefüllt mit Geschichten – gewoben aus übernommenen Glaubenssätzen und Vereinbarungen darüber, was es heißt, eine Frau zu sein –, die sie fest an diese Glaubenssätze binden und daran hindern, ihr wahres Potenzial zu entfalten. Hast du schon einmal das Gefühl gehabt, von deiner Vergangenheit erdrückt zu werden und unter Schichten von Selbstzweifeln, Ängsten und Verwirrung begraben zu sein?

Als ich Schülerin von Don Miguel Ruiz wurde und begann, mit den toltekischen Lehren zu arbeiten, fühlte ich mich wie ein Koffer, der überfüllt war mit allen möglichen Vorstellungen, wer ich sein sollte. Meine gesamte innere Welt war überladen und schwerfällig. Ich wusste, dass ich meine Last leichter machen wollte. Doch zuerst war mir nicht klar, wie es mir möglich sein könnte, mich zu ändern, ich wusste nur, dass ich es wollte. Als ich lernte, ein Gefäß des mitfühlenden Gewahrseins für mich zu erschaffen und mich beim Urteilen zurückzuhalten, begann ich den Einfluss wahrzunehmen, den meine Worte auf die Beziehung zu mir selbst hatten.

Eines Tages, als ich einer neuen Freundin meine Lebensgeschichte erzählte, hatte ich eine Eingebung. Ich erkannte, dass meine Geschichte keine Sammlung von Fakten war. Meine Geschichte war ein starker Anker, den ich hinter mir herzog, während ich versuchte, meine Segel nach dem Wind auszurichten.

Meine Geschichte lautete in der Regel so: Als Kind wurde ich traumatisiert, weil meine Eltern so häufig umzogen. Bevor ich sechzehn Jahre alt war, hatte ich bereits acht verschiedene Schulen besucht und in vier Ländern gelebt – Singapur, Hongkong, den USA und Thailand. Etwa alle zwei Jahre zogen wir um. Jedes Mal, wenn ich auf eine neue Schule kam, machte mir meine Schüchternheit zu schaffen, und ich fühlte mich isoliert und allein. Wenn ich im zweiten Jahr dann endlich Freundschaften geschlossen und mich eingelebt hatte, zogen wir schon wieder um, und der Zyklus begann erneut. Weil ich so oft Freunde verloren habe, entweder weil ich die Stadt verlassen musste oder sie wegen der Jobs ihrer Eltern wegzogen, habe ich heute große Schwierigkeiten, eine innige Verbundenheit mit Menschen aufzubauen, und fürchte mich vor dem Verlassenwerden.

Jedes Mal, wenn ich meine Geschichte erzählte, tat ich mir selbst leid. Würdest du das nicht auch tun?

An jenem Tag aber, den ich mit meiner Freundin verbrachte, wurde mir klar, dass ich meine Geschichte, aus dieser Perspektive erzählt, liebevoll loslassen und sie neu erzählen konnte – als Abenteuer und nicht als Katastrophe. Meine neue Geschichte hörte sich so an: Als Kind hatte ich das große Glück, eine abenteuerlustige Familie zu haben. Wir zogen alle zwei Jahre um und reisten jeden Sommer rund um die Welt. Den größten Teil meiner Schulzeit verbrachte ich auf großartigen internationalen Schulen in Südostasien, und als ich sechzehn wurde, hatte meine Familie schon zwanzig verschiedene Länder bereist oder in ihnen gelebt, darunter Thailand, Singapur, Indien, Ägypten, Italien und Spanien. Da wir so häufig umzogen und verreisten, entwickelte ich eine unglaubliche Flexibilität und eine tiefe Wertschätzung für die Verschiedenheit und Kreativität von Menschen. Die Erfahrungen meiner Kindheit lehrten mich wichtige Dinge: viele unterschiedliche Perspektiven einzunehmen, schnell Freundschaften zu schließen und Veränderung freudig zu begrüßen.

Jedes Mal, wenn ich diese neue Geschichte erzählte, empfand ich ein Gefühl von Abenteuer und tiefe Dankbarkeit. Geht es dir auch so?

Nun stellt sich die wichtige Frage: Welche Geschichte ist wahr?

Beide Geschichten sind gleichzeitig wahr und nicht wahr, je nachdem, welche Perspektive ich einnehme. Es geht bei der Antwort nicht darum, welche Geschichte der absoluten Wahrheit entspricht, sondern welche Geschichte am stärksten im Einklang steht mit der Frau, die ich bin und die ich sein will. Die erste ist die Geschichte eines Opfers; die zweite ist die bewusst gewählte Geschichte einer Kriegergöttin.

Der Weg der Kriegergöttin verknüpft Bewusstheit mit Handeln, um den inneren Wandel zu bewirken. Bewusstheit zeigt uns, wo wir in einer schweren Vergangenheit festhängen; Transformation bringt uns in die Leichtigkeit einer bewusst gewählten Gegenwart.

Wenn wir uns für den Weg der Kriegergöttin entscheiden, bedeutet das, dass wir uns selbst als eine Palette von unterschiedlichsten Farben und Texturen betrachten und erkennen, welche Farben und Texturen uns nähren und lebendig machen und welche uns Energie abziehen und abstumpfen lassen. Nur wenn wir uns bewusst werden, dass eine bestimmte Geschichte oder Verhaltensweise uns nicht fördert, können wir uns ändern.

Heute hat meine innere Welt viel mehr freien Raum, und was unnötiges Gepäck darstellt, ist offensichtlicher. Ich betrachte das innere Entrümpeln jetzt als einen angenehmen fortwährenden Prozess der inneren Reinigung, ähnlich wie Geschirrspülen oder Zähneputzen.

Die Transformation beginnt mit der Art und Weise, wie wir unsere Worte einsetzen – wie wir unsere Geschichte uns selbst und anderen erzählen. Worte sind wie Körper und Geist Gefäße. Jedes Wort, das wir wählen, kann die Schwingung von Heilung, Frieden und Liebe besitzen, oder es kann strotzen vor Angst, Schikane und Verurteilung. Unsere Worte helfen uns, unser Gefäß zu füllen oder zu leeren.

So kann derselbe Satz unseren Enthusiasmus fördern oder mindern, je nachdem, welche Energie sich hinter den Worten verbirgt. Ich kann zu jemandem sagen: »Das machst du wirklich toll!«, und Begeisterung und Unterstützung hineinlegen. Oder ich kann sarkastisch und bitter sagen: »Das machst du wirklich toll«, und damit eine ganz andere Botschaft vermitteln, auch wenn die Worte positiv zu klingen scheinen.

Bewusstheit führt zu Verständnis und Klarheit darüber, was funktioniert und was nicht. Klarheit führt dazu, dass wir persönliche Verantwortung für die Transformation unserer alten Muster und Gewohnheiten übernehmen. Verantwortung wiederum führt dazu, dass wir Vorwürfe, Schuld und Scham loslassen können. Und wenn wir Vorwürfe, Schuld und Scham loslassen, sind wir schließlich frei, dankbar zu wählen, welcher Geschichte wir glauben wollen.

ÜBUNG: Alte Geschichten umschreiben

Jetzt ist es an der Zeit, die Kriegerinnen-Theorie in die Praxis umzusetzen! Nimm dir ein wenig Zeit, um eine Geschichte umzuschreiben, die dich belastet.

Finde eine oder zwei bedeutsame Geschichten, die du dir seit Langem über vergangene Erlebnisse erzählst und die dich immer noch leiden lassen. Die meisten von uns brauchen nicht allzu tief zu graben, denn Geschichten dieser Art residieren in der Regel in der allerersten Reihe unseres Geistes.

Die Geschichte kann mit deiner Ursprungsfamilie zu tun haben, mit einer vergangenen oder momentan bestehenden Beziehung, mit deinem beruflichen Weg, mit deinem Körper oder gesundheitlichen Problemen, mit deinen Kindern beziehungsweise deiner Kinderlosigkeit etc. Wenn du deine Geschichte gefunden hast, schreibe die wichtigsten Themen, um die es geht, in dein Notizbuch.

Und dann geht es los: Schreibe die Geschichte bewusst um, indem du eine Perspektive einnimmst, die das Ereignis in der Vergangenheit als eine Erfahrung betrachtet, die letztlich deinen höchsten Zielen gedient hat. Wenn du nicht weißt, wie du anfangen sollst, probiere es damit, einige gute Dinge aufzulisten, die sich aus den oben beschriebenen Erlebnissen ergeben haben. (In meinem eigenen Beispiel boten mir die ständigen Umzüge meiner Familie die Möglichkeit, viele unterschiedliche Kulturen und Sichtweisen kennenzulernen.)

Hier sind noch einige weitere Beispiele: Eine meiner Schülerinnen entdeckte, dass ihr Mann eine Affäre hatte. Als sie in der Lage war, achtsam mit ihrem Schock und Entsetzen umzugehen, gelang es ihr, sich für eine mögliche andere Geschichte zu öffnen – jenseits des Betrugs und der Worst-Case-Szenario-Geschichten, die ihr Geist sofort zu ersinnen begann. Sie wachte morgens mit einer neuen Geschichte auf, die sie richtiggehend inspirierte: »Jetzt werden mein Mann und ich an unserer Beziehung arbeiten!« Sie erkannte, dass sie beide ihre Partnerschaft vernachlässigt hatten, und diese Erkenntnis motivierte sie, die nötige Energie in ihre Beziehung zu investieren, damit sie wieder neu erblühen konnte. Ihre alte Geschichte lautete: »Ich habe etwas falsch gemacht, dies ist das Schlimmste, was jemals passieren konnte, wie konnte er mich bloß betrügen?« Ihre neue Geschichte hörte sich so an: »Diese Affäre ist der nötige Auslöser für uns, um über das zu sprechen, was in unserer Ehe nicht mehr funktioniert und was wir beachten müssen, damit unsere Beziehung gelingt.«

Kürzlich sprach ich mit meiner Freundin Judith, die eine beängstigende gesundheitliche Krise durchmachte. Das bewusste Schreiben einer neuen Geschichte, in der sie ihre Ängste respektierte, hat mich sehr inspiriert. Sie ist eine Stammesälteste in einer indianischen Tradition. Eine ihrer spirituellen Lieblingspraktiken ist die Visionssuche, eine heilige Reise in die Natur ohne (oder mit nur sehr wenig) Nahrung und Wasser, die mit dem Ziel unternommen wird, eine Vision oder eine tiefe spirituelle Einsicht zu erhalten, für sich selbst und um sie zurück in die Gemeinschaft zu bringen. Sie hatte eine wichtige Erkenntnis: Wenn sie sich auf ihre gesundheitliche Krise von der Warte ihrer alten Opfergeschichte konzentrierte – »Warum ich, was habe ich falsch gemacht, was wird mit mir passieren?« –, fühlte sie sich hilflos und überwältigt. Doch wenn sie ihre Geschichte neu erzählte und ihre Erfahrung wie eine Visionssuche behandelte, hatte sie das machtvolle Gefühl, dass sie in die Wildnis ging, um Heilung für sich selbst und Weisheit für ihren Stamm zu finden. Sie wusste, dass sie sich weiterhin manchmal verängstigt fühlen würde, doch sie konnte ihre Erfahrung nun in eine viel größere und unglaublich ermutigende Geschichte fassen.

Jetzt schreibe deine eigene Geschichte neu!

Indem wir uns von den Geschichten befreien, die uns innerlich leiden lassen, halten wir den Schlüssel in den Händen, um uns in unserer Kriegergöttinnen-Kraft zu erden.

Ich hoffe, du hast bei dieser Übung bemerkt, dass Transformation mit der Art und Weise beginnt, wie wir unsere Worte verwenden – wie wir unsere Geschichte anderen und uns selbst erzählen.

Wenn Don Miguel Ruiz in seinem Buch *Die vier Versprechen* schreibt: »Verwende mit Bedacht deine Worte und sei untadelig mit deinem Wort«, lehrt er ein altes toltekisches Prinzip: Sei untadelig mit deiner Energie, oder anders ausgedrückt: Sei achtsam mit allem, was du mit deiner Energie tust – in deinen Worten *und* in deinem Handeln.

Nun lass uns noch ein wenig tiefer eintauchen und mutig erkunden, wo alte Ahnen- und Familienwurzeln sich in Geschichten wiederfinden, die uns, so, wie wir heute sind, nicht dienlich sind.

Verantwortung für die Familiengeschichte übernehmen

Die meisten Menschen tragen einige tief verwurzelte Geschichten über ihre Ursprungsfamilie in sich, die geprüft und losgelassen werden sollten. Für viele von uns hat diese Geschichte etwas zu tun mit unseren Eltern, doch sie kann auch Großeltern, Tanten, Onkel oder sogar Geschwister betreffen. Für diejenigen, die adoptiert oder von einer Pflegefamilie aufgezogen wurden, ist es am sinnvollsten, wenn sie mit den Adoptiveltern oder den Personen arbeiten, die ihnen am nächsten standen und den größten Einfluss auf ihre Kindheit und Jugend hatten.

Als Kinder werden wir stark geprägt von den Verhaltensweisen unserer Eltern oder der Menschen, die uns aufzogen. Unsere Eltern mussten uns keine Glaubenssätze lehren oder uns erklären, wie wir uns in der Welt verhalten sollten. Ein Kind ist wie ein Schwamm, der alle Informationen aus seiner Umgebung einfach aufsaugt, und das beinhaltet nicht nur Verhaltensweisen, sondern die gesamte Energie der Menschen, mit denen das Kind aufwächst. Das Energiemuster, oder die Summe von Erfahrungen, die im Körper, Geist und in den Emotionen unserer Eltern, Großeltern und wiederum deren Großeltern gespeichert waren oder sind, wurden an uns weitergegeben. Auf diese Weise erhielten wir all ihre Gaben wie auch all ihre Lasten, ihr »Gepäck« sozusagen. Dieses Gepäck schließt alle Erfahrungen aus der Vergangenheit ein, die unsere Familie immer noch unbewusst mit sich herumschleppt – ein schwerer Koffer, vollgepackt mit Ängsten, traumatischen Erlebnissen und unbewussten Vereinbarungen. Wir wollen die vielen Geschenke unserer Ahnenlinie ehren und fördern und gleichzeitig damit beginnen, dieses Gepäck in der Haltung eines mitfühlenden Beobachters aufzuräumen.

Nun magst du einwenden: »Das ist das Gepäck meiner Eltern! Wieso muss ich mich damit beschäftigen? Das ist nicht fair. Ich bin nicht dafür verantwortlich!« Oder du hast vielleicht das Gefühl: »Meine Eltern (mein Onkel/meine Schwester/mein Stiefvater/meine Mutter, die mich zur Adoption freigegeben hat) sind schuld, da sie mein Leben ruiniert haben oder mich zu dem neurotischen Schlamassel gemacht haben, das ich bin.«

Die Wahrheit ist: Wenn du entdeckst, dass du die energetischen Muster alter Vereinbarungen oder Gewohnheiten deiner Eltern, ob sie noch leben oder nicht, mit dir herumträgst, heißt das, dass sie zu dir gehören und dass du verantwortlich für sie bist. *Verantwortung* ist ein wundervolles Wort. Verantwortung bedeutet nicht, dass dir etwas vorgeworfen wird oder dass du bestraft werden solltest, sondern dass du die Möglichkeit hast, etwas zu ändern, wenn du das möchtest. Du musst nicht darauf warten, dass deine Eltern sich ändern oder etwas in Ordnung bringen. Du hast die Kraft, ins Handeln zu kommen und dich selbst zu befreien, während deine Eltern genauso bleiben dürfen, wie sie sind.

Du kannst auch alle Vorwürfe loslassen, die du gegenüber deiner Familie hegst. Sie haben das Beste getan, was sie konnten. Sie haben gehandelt, wie sie es gelernt haben.

Erinnere dich immer daran: Egal, welche Ungerechtigkeit du erfahren haben magst, es war nicht deine Schuld. Du bist nicht verantwortlich für die Handlungen anderer Menschen. Du bist nur verantwortlich für die Vereinbarungen und Glaubenssätze, die du aufgrund deiner Erfahrungen als Kind angenommen hast und seitdem mit dir trägst. Wenn du einmal die Neigung losgelassen hast, anderen die Schuld zu geben und herausfinden zu wollen, warum etwas geschehen ist, kannst du beginnen, eine neue Geschichte zu schreiben und ein neues Kapitel deines Lebens aufzuschlagen. Du richtest deine Aufmerksamkeit nicht länger auf die Vorwürfe und das Gefühl, ein Opfer zu sein, sondern lenkst sie liebevoll darauf, dir selbst alle Hilfsmittel und Unterstützung zu geben, die möglich sind, um zu heilen und dich in der Gegenwart zu erden. Und selbst wenn du eine fabelhafte, behütete Kindheit hattest, bleibe offen für mögliche unbewusste Muster, die du vielleicht angenommen hast.

Beginne den Prozess des Loslassens, indem du neugierig betrachtest, welche Energie und Verhaltensweisen sich über die Generationen deiner Familie auf dich übertragen haben. Nimm am besten die Haltung von Dankbarkeit ein, wenn du das tust. Schiebe deine Urteile und Emotionen, die sich an deine biologische oder Pflegefamilie knüpfen, beiseite und ehre einfach, welche positiven Vorbilder sie dir boten. Nimm dir einen Moment Zeit, um fünf Dinge aufzuschreiben, die du an deinen Eltern (oder an den Menschen, die dich aufzogen) schätzt. Schreibe eine Liste für jeden Elternteil oder für jeden wichtigen Betreuer. Meine Listen sahen so aus:

> ***Mutter:*** *ihren Mut, ihre Freude am Reisen, ihre positive Art, mit meinem Vater umzugehen, wenn dieser schlecht gelaunt war, ihre Liebe zu Pferden sowie ihre Liebe zu Menschen und ihre Bereitschaft, ihnen auf vielfältige Weise zu helfen und ihr Leben zu verbessern.*
> ***Vater:*** *sein unglaublicher Wille, seine Vorstellungskraft, seine Freude am sportlichen Wettkampf, sein finanzieller Rückhalt, der uns ermöglichte, überall hinzureisen, und die vielen Male, die er mich selbst bei Wettkämpfen durch seine Anwesenheit unterstützt hat.*

Schreibe nun fünf Dinge auf, die du angenommen hast und die du gern loslassen möchtest. Welche Glaubenssätze hatten deine Mutter, dein Vater oder die Menschen, die dich aufzogen, nach denen du dich unbewusst immer noch richtest? Was hast du von deinen Eltern aufgenommen, was du gerne loslassen möchtest?

Sei bereit, dich selbst und deine Verhaltensweisen zu prüfen und zu schauen, von wem du sie übernommen hast. Einige mögen offensichtlich sein, andere sind subtiler.

> ***Mutter – diese Muster habe ich übernommen:*** *ihre Abwehrhaltung, ihre Schüchternheit, ihre Überzeugung, dass sie sich um andere mehr kümmern muss als um sich selbst, ihre Kleinlichkeit gegenüber anderen und ihre Schuldgefühle.*
> ***Vater – diese Muster habe ich übernommen:*** *seine Dickköpfigkeit, sein schweigender Rückzug, wenn er sich über jemanden geärgert hat, sein Bedürfnis, recht zu haben, sein Drang nach Zerstreuung und sein Wunsch, Situationen zu kontrollieren.*

Der Schlüssel zum Loslassen von alten Familienmustern ist die Erkenntnis, dass sie unbewusst weitergegeben wurden, und du wirst dir ihrer nun bewusst. Segne sie. Und dann spüre in dich hinein, was du in deinem Leben tun musst, um ein Gefühl von Stabilität und Verwurzelung zu entwickeln, das sich nicht auf deine Familienmuster gründet.

Wenn Emotionen auftauchen, während du diese Familienmuster auflöst, lass sie fließen! Die Arbeit besteht nicht darin, deine Emotionen zu unterdrücken, um gleichmütig zu werden, sondern sie aufkommen zu lassen und dann loszulassen. Du brauchst diese Emotionen aber auch nicht bewusst aufzuspüren; lass sie hochkommen, wie sie wollen, und drück sie in möglichst sicherer Weise aus, damit kein weiteres Drama entsteht. Dieser Prozess kann eine lange Zeit beanspruchen; erwarte nicht, dass die Arbeit mit Familienmustern in einer einzigen Sitzung getan ist. Aber bleibe am Ball und beobachte, was auftaucht. Allein dass du dir deiner Familienmuster bewusst wirst, wird den Klärungsprozess einleiten. Dann kannst du beginnen, das zu leben, was du liebst, und dich mehr in dem zu verwurzeln, was dir Freude macht.

Auf der nächsten Stufe der Erkundung kann die familiäre Vergangenheit geheilt werden. In der Ahnenforschung werden die Linien unserer Vorfahren in einem Familienstammbaum dargestellt. Wir sind die Frucht dieses Baums und können eine süße oder bittere Frucht werden, je nach unserer Beziehung zu unseren Wurzeln. Meine eigene Erfahrung ist: Wenn wir den Schmerz und das Leiden in unseren biologischen Wurzeln unterdrücken oder ignorieren, heilen wir diesen familiären Baum des Lebens nicht, sondern erlauben dem Hass, der Furcht und der Angst aus der Vergangenheit sogar, in der Gegenwart weiterzubestehen, wo sie, verborgen unter vielen Schichten von Schutzpanzern, sich immer wieder auf unerwartete, unangenehme Weise bemerkbar machen. Wenn wir beginnen, unsere familiären Wurzeln mit Mitgefühl und Verständnis zu betrachten, lösen wir die schmerzhaften und toxischen Muster auf, die unbewusst von Generation zu Generation weitergegeben worden sind.

Wenn wir auf die Geschichte und möglichen Erfahrungen unserer Ahnen zurückschauen, entwickeln wir ein Verständnis für den ganzen Stammbaum. Indem wir das klare Licht unserer Achtsamkeit in die Vergangenheit bringen, mit der Absicht loszulassen, gewinnen wir die Freiheit, mit unserer ganzen Person Nein zu sagen – zu allem, was wir nicht mehr weitertragen wollen – und ein einladendes Ja auszudrücken – für die Gaben, die wir in die Zukunft mitnehmen wollen.

Kannst du einige der traumatischen Erfahrungen deiner Familienlinie identifizieren, die du vielleicht trägst? Haben deine Großeltern oder Urgroßeltern etwas erlebt, was immer noch in deinem Energiekörper gespeichert ist? Du brauchst dich mit keinem Trauma, Missbrauch oder Kampf zu belasten; erkenne sie an und bringe sie ins Licht der Gegenwart. Wir lassen ein Familientrauma aus der Vergangenheit los, indem wir die Herausforderungen benennen und uns auf die Stärken besinnen. Deine Familie hat überlebt, damit du jetzt hier bist. Du bist der lebende Beweis dafür, dass deine Ahnen erfinderisch, kreativ und entschlossen waren. Du bist der Beweis dafür, dass die Liebe von Herz zu Herz weitergegeben wurde, über die Generationen hinweg. Selbst wenn du in einem Akt der Lieblosigkeit empfangen wurdest oder es Gewalt und Missbrauch in deinen Ahnenlinien gegeben hat, werden alle Taten, die aus Angst geschahen, umfangen und zunichtegemacht durch Äonen von instinktiver elterlicher Liebe. Linda Hogan fasste die Beziehung, die wir zu unseren Vorfahren entwickeln können, mit den folgenden Worten zusammen: »Während ich gehe, lausche ich einem tieferen Weg. Plötzlich befinden sich all meine Vorfahren hinter mir. Sei still, sagen sie. Beobachte und lausche. Du bist die Folge der Liebe von Tausenden.«

Integriere dich in diese Kette der Liebe, indem du dich direkt mit der Weisheit und den Gaben deiner Vorfahren verbindest. Beim Klären der Vergangenheit deiner Ahnen erhältst du großartige Hilfe von deinen Ahnen selbst.

Die Ahnen ehren und ihre Gaben empfangen

In vielen Kulturen überall auf der Welt ehrt man die Ahnen, man gedenkt ihrer und wendet sich an sie. Die Menschen auf Samoa begraben Eltern vor ihrem Haus, sodass sie sie jeden Tag begrüßen können. Die Mexikaner feiern jedes Jahr ausgelassen und farbenfroh den Tag der Toten und besuchen den Friedhof, um den Verstorbenen Essen und Alkohol zu bringen und mit ihnen zu picknicken. An Neujahr säubern viele Chinesen das Grab ihrer Verwandten, andere beten in ihren Wohnungen täglich vor kleinen Altären, die den Ahnen gewidmet sind. Einige afrikanische Stämme wären entsetzt angesichts des Gedankens, eine Entscheidung für die Gemeinschaft könnte getroffen werden, ohne die Vorfahren um Unterstützung und Rat zu bitten.

Während es relativ üblich ist, verstorbenen nahen Familienmitgliedern zu gedenken und sogar mit ihnen zu sprechen, steht die Vorstellung, sich mit Ahnen zu verbinden, die wir nicht kannten oder die wir nicht mochten, als sie noch gelebt haben, nicht gerade oben auf der To-do-Liste moderner Frauen. Aus der Sichtweise einer Kriegergöttin jedoch heißen wir alle Ressourcen willkommen, seien sie geistig oder materiell. Dafür müssen wir hin und wieder unser Hirn neu verdrahten. Wir sollten den Glauben loslassen, dass wir nur durch die Lebenden wichtige Einsichten und Führung erhalten können, und die Bereitschaft entwickeln, zu vergeben und das Gute in den Verstorbenen zu sehen. Die meisten von uns sind offen für die Vorstellung, dass die Familienmitglieder, die wir kannten, nach ihrem Tod über uns wachen, doch sollten wir nicht die Generationen vergessen, die vor ihnen kamen.

Ich habe meine Großmutter mütterlicherseits niemals kennengelernt; sie starb, lange bevor ich geboren wurde. Ich hielt die Vorstellung, dass ich immer noch in einer Beziehung zu ihr stehen könnte, erst für verrückt. Sie war schon seit Langem tot – wie sollte ich sie kennenlernen? Doch einfach indem ich mich dieser Möglichkeit öffnete, entdeckte ich, dass ich in der Tat noch mit ihr verbunden war. Wenn ich lauschte, konnte ich ihre Präsenz wahrnehmen, und manchmal sprach sie zu mir und ermutigte mich auf meinem spirituellen Weg oder forderte mich auf, mehr auf mein Herz zu hören. Meistens fühlte ich das Wesen der Frau, die sie einmal war, und wie ähnlich wir uns waren. Ich bin ihr Blut; ihre DNS schenkte mir das Leben.

Indem wir einfach bereit sind, mit bekannten oder unbekannten Ahnen in Verbindung zu treten, erkennen wir uns selbst als Glied einer Kette von Frauen und Männern, die möchten, dass wir weiter gehen können, als sie selbst es konnten.

Ressourcen

Geschenke

- Du bist ein energetisches Wesen, und wie Elektrizität fließt deine Energie am besten, wenn du geerdet bist.
- Du entwickelst ein falsches Gefühl für Sicherheit, wenn du dein Wohlbefinden von Menschen, Dingen oder Rollen, die du einnimmst, abhängig machst.
- Du erlangst Freiheit, wenn du alte Familienmuster und Glaubenssätze loslässt und dein Vertrauen in deinen authentischen Ausdruck wiedergewinnst.
- Wenn du deine Vorfahren segnest und ehrst, bringst du ihre Weisheit und Gaben in dein Leben.

Erkundungen

Ein wunderbarer Weg, deine Vorfahren zu ehren, ist die Errichtung eines Ahnenaltars. An diesem Ort kannst du ihrer gedenken und ihnen Dankbarkeit für dein Leben senden. Du kannst deinen Altar ausstatten mit

Bildern, Kerzen, Familienerbstücken, Familienschmuck, Tüchern, Blumen oder Dingen, die du in der Natur findest. Du kannst auch einen Altar speziell für ein Familienmitglied erschaffen, das dich geliebt und unterstützt hat. Setze dich einige Minuten am Tag vor diesen Altar und lausche, welche Botschaften oder Weisheit du empfängst.

Lektion fünf

Befeuere deine Sexualität und Kreativität

Wenn das Feuer in dir brennt, lass es brennen.
Wenn du es aushältst, wird die Scham von den Flammen aufgezehrt,
und du gehst strahlend, glänzend und
auf rechtschaffene Art schamlos daraus hervor.

ELIZABETH CUNNINGHAM

Als ich das erste Mal einen Kriegergöttinnen-Weg der Heilung ging, war ich anfangs sehr zurückhaltend, meine Glaubenssätze über Sexualität überhaupt zur Kenntnis zu nehmen. In meiner Vorstellung befand ich mich auf einem spirituellen Weg, und ich wollte keine Zeit verschwenden mit so trivialen Dingen wie der Heilung von jahrzehntealten falschen Vorstellungen über meine Sexualität. »Mir geht's gut, danke!«, lautete mein Motto, wenn es um Sex ging.

Doch als ich die Blockaden in meinem sexuellen Fluss löste und die energetisch undichten Stellen beseitigte, erwies ich mir den großen Gefallen, mir selbst meine Energie zurückzugeben. Lass uns zunächst das Terrain überblicken, das wir gemeinsam durchschreiten werden.

Eine enorme Menge an Verwirrung, Angst, verzerrten Vorstellungen und Verletzungen rankt sich in unserer Kultur um das Thema Sex. Viele Frauen sind auf irgendeine Weise von Sexualität verwundet worden; dass wir umgeben sind von massenhaft Werbung, die zeigt, was es bedeutet, sexy zu sein, und dass noch immer so viele antiquierte Tabus über weibliche Sexualität bestehen, macht es uns schwer, zu unserem Körper und sexuellen Wesen zu stehen.

Wir unterdrücken unsere sexuelle Kraft auf unterschiedlichste Weise. Uns wurden viele Geschichten über Sexualität erzählt: Sie ist gefährlich. Sie wird uns Ärger machen. Sie ist beschämend. Sie ist nicht spirituell. Wir werden verletzt werden. Wir werden zurückgewiesen werden. Wir werden als Schlampen betrachtet werden. Es ist zu viel. Es ist nicht genug. Ich bin zu alt für so etwas.

Wenn wir einen spirituellen Weg beginnen, vermeiden wir es manchmal, bewusst oder unbewusst, unsere sexuelle Natur überhaupt zur Kenntnis zu nehmen, und glauben, sie würde unser Wachstum verhindern. Auf dem Weg der Kriegergöttin ist das Gegenteil der Fall; um die Frau zu werden, die wir wirklich sind, ist es wichtig, unsere Vorstellungen und Glaubenssätze über Sex neu zu bewerten.

Viele Menschen sind sich nicht im Klaren darüber, was Sexualität eigentlich ist. Wenn wir die Geschichten anderer Leute über sexuelle Energie hören (und die Geschichten, die wir uns selbst erzählen), erfahren wir in der Regel zwei interessante Arten von Schwindeleien.

Die erste sagt, dass Sexualität schmutzig und sündhaft ist. Und aus dieser Behauptung folgt: Unsere Sexualität muss kontrolliert werden, oder wir verhalten uns wie Tiere, vögeln alles, was nicht bei drei auf dem Baum ist, und zerstören, wenn unsere Lust erwacht ist, ganze Zivilisationen, bis wir dann auf ewig in der Hölle schmoren. (Du magst lachen, doch es ist erschreckend, wie viel von dieser Überzeugung noch in uns steckt.)

Die zweite lautet: Der einzige Weg, etwas im Leben zu erreichen, besteht darin, unsere Sexualität zu Markte zu tragen. Kurz erläutert: Um beliebt, wahrgenommen und geschätzt zu werden, um einen Partner zu finden und materiellen Besitz zu erlangen, müssen wir massenhaft sexuelle Komm-her-hier-bin-ich-Energie aussenden und sexy Kleidchen tragen, die unsere Ware zeigen. (Um mehr darüber zu erfahren, schlage eine Zeitschrift auf, sieh dir Plakatwände an oder mache deinen Fernseher an.)

Ich möchte dich einladen, all deine Geschichten über Sex – und die von allen anderen Menschen – in die nächste Mülltonne zu werfen.

Und jetzt lass uns ganz an den Anfang zurückkehren, mit einer Information, von der ich mir gewünscht hätte, dass wir alle sie auf liebevolle Weise irgendwann vor der dritten Klasse erhalten hätten: Erstens ist sexuelle Energie eine machtvolle natürliche Kraft, die in den Vögeln, den Bienen, den Blumen und den Bäumen fließt – und in dir. Sie ist eine unglaublich reine, lebendige Energie, die durch alle Zwei- und Vierfüßler tanzt, durch alle Krabbeltiere, Wasserbewohner und Pflanzen von der Blüte bis zur Frucht. Sie ist nicht falsch, schmutzig, unmoralisch oder amoralisch. Sie ist die zentrale Schöpfungskraft auf der Erde. Guter Sex bringt uns hinaus aus unserem Kopf und hinein in die betörenden Genüsse des Körpers, er befreit von Enge und Blockaden und besänftigt unsere gewohnheitsmäßigen Abwehrhaltungen. Fantastischer Sex sprengt uns hinaus aus unserer Persönlichkeit und hinein in unsere Seele und in unsere Verbundenheit mit allem Leben.

Manchmal ist Sex heiß und kraftvoll wie Feuer; manchmal fließt er wie der Ozean an einem windstillen Tag. Dein Atem fördert seine verspielte Kraft, während Angst und Stress sie abschwächt. Deine Sexualität ist eines der schönsten göttlichen Geschenke an dich – und die Menschen, die das Glück haben, sie mit dir zu teilen.

Sexuelle Energie bildet die tiefen Wurzeln deiner Kreativität und Leidenschaft. Und sie lässt die blühenden Zweige sinnlicher und körperlicher Freuden gedeihen.

Deine Sexualität ist heilig, und sie ist höchst individuell. Alle Arten sexuellen Ausdrucks sind wundervoll, wenn sie mit bewusster Zustimmung geschehen. Lerne zuerst deinen eigenen sexuellen Flow und deine eigene sexuelle Energie kennen, und dann vergnüge dich mit anderen, immer deiner Führung folgend.

Tu niemals etwas, was du nicht willst. Achte auf deine Erfahrung und dein Tempo, nicht auf die Wünsche und Bedürfnisse des anderen. Sex ist weder ein Preis, den du vergibst, noch eine Waffe, die du im Hinterhalt hast.

Eine Kriegergöttin zu sein bedeutet nicht, fromm oder sexuell enthaltsam zu leben. Eine Kriegergöttin zu sein heißt, vollen Zugang zu allen Energien zu haben, inklusive der Sexualität. Die Hohepriesterin im Tarot wird nicht deshalb »Jungfrau« genannt, weil sie ihre Sexualität nicht lebt, sondern weil diese ihr dient; sie ist Herrin ihrer Sexualität. Das bedeutet, dass sie niemanden bedrängt, wenn sie Sex hat, und dass sie niemandem erlaubt, sie zu bedrängen. Sie benutzt ihre Sexualität nicht, um andere zu manipulieren oder an sich zu binden. Sie hat keinen Sex aus Pflichterfüllung oder Mitleid. Ihre Sexualität ist heilig, und sie liebt ihr eigenes Feuer! Die Hohepriesterin befeuert ihre Leidenschaft um ihrer selbst willen, ehrt ihre sexuelle Natur und heilt beziehungsweise klärt ihre Angst und jeden Glaubenssatz, der ihren Zugang zu ihrer Lebenskraft beschränkt.

Das bedeutet nicht, dass du eine traditionelle Partnerschaft führen musst. Du magst verheiratet sein. Du magst dich für Enthaltsamkeit entscheiden oder eine Zeit lang ohne feste Beziehung leben wollen. Du magst Geliebte haben oder Freunde, mit denen du experimentieren kannst. Wenn du lernst, wie du Zugang zu deiner sexuellen Energie gewinnst, ist es nicht wichtig, ob du einen langjährigen sexuellen Partner hast, keinen Liebhaber oder Dutzende davon. Dein Ziel ist es, deine sexuelle Lebenskraft auf die Weise auszudrücken, wie es für dich richtig ist.

Die zwei Dinge, mit denen du dich beschäftigen solltest, sind dein Körperbild und deine Angst vor Macht. Wenn du dich für dein Aussehen schämst oder dich unwohl fühlst, wird das Einfluss auf deine Verbindung zu deiner sexuellen Energie haben.

Eine meiner Lieblingsmethoden, um unsere Beziehung zu unserem Körper und unserer Sexualität zu transformieren, stammt von Marion Woodman, einer der meistgelesenen Autorinnen zu weiblicher Psychologie. Sie ermutigt uns, so lange täglich nackt vor einem Spiegel zu tanzen, bis wir unseren Hass oder unsere Scham losgelassen haben und die Heiligkeit unseres Körpers erkennen. Wenn wir aufhören, Magazine und Werbung anzusehen und uns mit den Frauen zu vergleichen, die wir sein zu müssen glauben, können wir den Körper, den wir haben, zeigen und dankbar sein für seine Fähigkeit, unabhängig von unserem Gewicht oder Alter Genuss zu empfinden. Diese Ausrichtung auf die Liebe zu unserem eigenen Körper hilft uns wahrzunehmen, was er braucht, um so gesund wie möglich zu sein, statt uns zu wünschen, er wäre anders.

Sexualität verbindet sich häufig mit Angst vor unserer eigenen Macht. Als kleine Mädchen werden wir gelehrt, unsere Lebendigkeit und Frechheit zu zügeln, und manchmal beginnen wir, unsere Energie und

Wildheit zu fürchten. Deine Sexualität ist machtvoll, denn sie ist Lebensenergie, die durch dich fließt. Wenn du deine Sexualität für dich zurückeroberst, wirst du mehr Vertrauen haben. Du wirst dir klarer darüber werden, was du willst und was nicht – im Schlafzimmer und in jedem anderen Raum deines Lebens. Du wirst deine Stimme finden, dich selbst respektieren und deine Angst verlieren, zu viel oder nicht genug zu sein. Es mag zuweilen Furcht einflößend sein, doch als Kriegergöttin wird deine Kraft zum Vorschein kommen, sobald du deine Sexualität für dich beanspruchst. Wenn du Zugang zu ihrem Fluss hast, wird das unglaubliche Bewegung in alle Bereiche deines Lebens bringen.

Erfahre jetzt, welche nächsten Schritte du gehen kannst, um deine Sexualität, Sinnlichkeit und dein kreatives Feuer zurückzugewinnen.

Sei experimentierfreudig

Ob du Single bist oder in einer Partnerschaft – sexuelles Experimentieren öffnet einen kraftvollen Zugang zur Verbindung mit dem Göttlichen und zur Heilung. Beim Experimentieren kannst du dir klar darüber werden, was du magst, du kannst etwas Neues ausprobieren und Energie in neue Bahnen lenken. Solche Experimente bestehen vielleicht darin, dich selbst zu einem sinnlichen Essen auszuführen, deinen Partner zu bitten, mit dir eine Fantasie auszuleben, oder deinen Geliebten aufzufordern, dich dreißig Minuten oral zu stimulieren. Erspüre, was du in deiner Sexualität erforschen möchtest, und überlege dir dann ein Experiment. Kreativität ist ein wichtiger Faktor – halte dich damit nicht zurück!

Experimentieren fördert dein Wachstum und wird dir Bereiche zeigen, die geheilt werden müssen, und andere, die du viel mehr in den

Fluss bringen kannst. Indem du dir heilige Zeit für sexuelle Begegnungen nimmst, schaffst du Raum in deinem Leben, um weiterzugehen und dich für Dinge zu öffnen, die jenseits dessen sind, was du in der Vergangenheit erfahren hast.

Wenn du gerade keinen sexuellen Partner hast und, aber auch, wenn du einen hast, möchte ich dir sehr ans Herz legen, Sex-Dates mit dir selbst auszumachen und mit Selbstbefriedigung zu experimentieren. Nimm dir wirklich viel Zeit, um dich zu empfangen und zu öffnen. Sprich laut aus, was du willst, sodass du praktische Übung gewinnst!

Bevor du ein sexuelles Experiment beginnst, solltest du dir darüber klar sein, was deine Absicht ist. Warum möchtest du mehr sexuelle Energie ins Fließen bringen? Was möchtest du klären, und wozu bist du bereit? Wie willst du dich mit deinem Schoß verbinden? Denk immer daran, dass sexuelle Energie Lebensenergie ist. Wenn deine sexuelle Genussfähigkeit wächst, wird sie mehr Kreativität, Lebendigkeit und Freude in jeden Bereich deines Lebens bringen.

Respektiere dich so, wie du jetzt bist, und nutze Experimente, um deine Grenzen zu erweitern, aber pass auf, dass du deine Grenzen nicht ganz verlierst! Du wirst wissen, dass du zu weit gegangen bist, wenn du dein Körpergefühl verlierst oder dich innerlich verschließt. Gehe wieder ein Stück zurück und überlege, was du tun kannst, statt dich auf das unangenehme Gefühl zu konzentrieren, dass du zu weit gegangen bist. Du möchtest vielleicht nach einem Sexpartner suchen, mit dem du experimentieren kannst. Du musst dich nicht in einer festen Beziehung befinden, um deine Sexualität zu erforschen; es ist häufig nicht so schwierig, einen Spielgefährten zu finden. Unter den Webadressen im Anhang findest du (auf Englisch) mehr Information über Datings, das Finden von Sexpartnern und wichtige Sicherheitsvorkehrungen.

Was erweckt und aktiviert deine sexuelle Natur? Kleidung? Musik? Natur? Eine meiner Schülerinnen erkannte, dass sie sich am sinnlichsten in der Kleidung fühlte, die sie für die Gartenarbeit anzog. Eine andere erzählte, wie sehr sie es liebt, unter ihrem Businesskostüm heiße Dessous zu tragen. Lass deine alten Vorstellungen los und spüre in dich hinein, was deinen Sinn für Sinnlichkeit und Genuss erwecken kann.

Überlege nun, ob du beim Lesen dieses Kapitels an irgendeiner Stelle getriggert wurdest. Was sagt dein Geist zu dir? Erforsche deine Reaktionen und nimm deine Glaubenssätze rund um die Sexualität wahr. Gehe alles an, was eine Klärung benötigt!

Jetzt möchte ich dir von der Etappe meiner eigenen Reise zur Ganzheit erzählen. Ich hoffe, dass du den enormen Wert erkennst, der darin liegt, dass du mutig bist und dir die Zeit nimmst, um ganz zu heilen und deinen wunderbaren, natürlichen sexuellen Fluss zu erwecken – für *dich* und niemand anderen.

Ich hatte viele Partner und ein paar Liebhaber auf meinem Weg, doch jede neue Beziehung entfaltete sich in vorhersehbarer Weise. Der heilige Fluss meiner Sexualität überflutete die Ufer einige Monate lang, doch bald vertrocknete er, und ich kehrte mit meiner sexuellen Energie zurück zu meinem üblichen Verhaltensmuster. Anfangs empfand ich enorm viel sexuelle Begeisterung und Aufregung, und dann verschloss ich mich und wollte keinen Sex mehr haben, denn wenn ich es tat, konnte es passieren, dass ich unkontrolliert weinte und mich eine seltsame Angst überkam. Weil ich nicht verstand, was geschah, fuhr ich meine sexuelle Energie herunter und pfiff auf die Lust.

Ich beneidete Frauen, die in ihrer Kraft waren und ihre Sexualität lebten, doch ich konnte mir nicht vorstellen, jemals eine von ihnen zu sein. Als ich mir das auf einer sehr tiefen Ebene eingestand, fühlte ich mich innerlich gebrochen.

Heute fühle ich mich nicht mehr gebrochen. Die Veränderung begann mit einem erstaunlichen Ultimatum, das ich mir selbst stellte. (Die eigentliche Heilung fing viel, viel früher an, doch das Ultimatum förderte sie auf ungeahnte Weise.)

Es geschah zu Beginn des neuen Jahrtausends, ich war im Begriff, mich aus einer dreijährigen intimen Beziehung zu lösen, und spürte, dass die Zeit reif für etwas Neues war.

Ich ahnte nicht, dass der sich abzeichnende Wandel beinhalten würde, mich mit meinen größten Ängsten zu konfrontieren.

Es begann an dem Tag, als ich mich hinsetzte für eine Herz-zu-Herz-Begegnung mit dem Spirit – der göttlichen, kreativen, unsichtbaren Kraft, die viele Menschen Gott nennen und von der ich glaube, dass sie geschlechtsneutral ist und sich in vielen Formen manifestieren kann.

»Okay, ich bin bereit für einige große Veränderungen«, sagte ich laut in einen leeren Raum, in dem Wissen, dass ich klar und deutlich vom Göttlichen gehört wurde. »Ich will meine alten Beziehungsmuster nicht mehr ein ums andere Mal wiederholen. Ich möchte lieber allein sein als eine Partnerschaft mit jemanden haben, der mich nicht hundertprozentig darin unterstützt, mein bestes Selbst zu leben. Ich bin bereit aufzuhören, anderen und mir selbst Vorwürfe zu machen. Ich will mich verändern. Sag mir, was ich als Nächstes tun soll.«

Ich könnte schwören, dass ich den Spirit fröhlich auf und ab hüpfen und vor Freude kichern hörte. Und dann war ich plötzlich erfüllt von diesem Wissen: Es war Zeit für mich, mich auf die Heilung meiner Beziehung zu meiner Sexualität zu konzentrieren.

Die nächsten paar Tage verbrachte ich damit, mich eigensinnig mit der göttlichen Kraft zu streiten, obwohl ich doch längst die Wahrheit kannte. Schließlich ergab ich mich und sagte: »Okay! Ja! Ich werde mich auf die Heilung meiner Beziehung zur Sexualität konzentrieren. Bitte hilf mir. Ich fürchte mich, und ich weiß nicht, wie ich das anstellen soll.« Die Unterstützung und Führung, die ich brauchte, erhielt ich, genauso wie du sie erhalten wirst, wenn du bereit bist, deine sexuelle Energie zu heilen und zurückzuerobern.

Und nun schildere ich dir einige der Schritte, die ich auf diesem Weg unternahm. Ich las eine Menge pikanter Erotikliteratur für Frauen, um zu sehen, was auf mich wirkte. Ich schaute mir gute, von Frauen gedrehte pornografische Filme an. Ich sprach ungeniert mit vielen Frauen über ihre Sexualität und Erfahrungen. Ich lernte, langsam zu masturbieren und achtsam zu werden für das, was mein Körper mochte. Ich stellte meine Heilung vor alles andere. Ich fand Liebhaber, die meine Heilung unterstützten, die mich nicht auf eine ganz bestimmte Weise brauchten und die mich herausforderten, zu erkennen, dass ich in der Tat nicht gebrochen war. Ich fand Verbündete in Menschen, die ihre Reise zur Heilung mit mir teilten. Indem ich mich mit anderen über schwierige oder gar Tabuthemen austauschen konnte, erfuhr ich, wie ähnlich wir uns doch alle sind. Die beschämenden oder verwirrenden Erfahrungen, von denen ich glaubte, dass nur ich allein davon betroffen war, beschäftigten tatsächlich auch andere. Die Heilreisen einiger Frauen zeigten mir, dass es mir ebenfalls möglich sein würde, meine Sexualität zu heilen und lieben zu lernen.

Von Herz zu Herz gesprochen: Egal, wie viele Mauern und Dämme du gebaut hast, um dich sicher zu fühlen, du kannst deine heiligen sexuellen Strömungen wieder fließen lassen. Der Fluss ist deine Natur. Niemand kann dir dein sexuelles Wesen nehmen, und es kann niemals gebrochen werden. Das Wasser deines sexuellen Flusses kann momentan verschmutzt erscheinen, doch es kann immer wieder zu seiner natürlichen Reinheit zurückkehren. Immer. Ohne Ausnahme.

Es braucht viel Zeit und Praxis, um deine sexuelle Energie sanft von alten Traumata, Missverständnissen, Unterdrückungen und Ängsten reinzuwaschen. Bleibe einfach so lange liebevoll dran, bis deine ursprüngliche, unschuldige und kostbare sexuelle Lebenskraft auftaucht wie ein lachendes Baby nach einem Bad. Mit den Augen der Unschuld wirst du erkennen, dass deine Sexualität pure Lebenskraft ist und dass sie eine magische Verbindung zu kindlicher, verspielter Kreativität hat.

Bewusste Schöpfung

Sexuelle Energie ist auch kreative Energie. Sex kann zur Schöpfung eines neuen Lebens führen, ein höchst kreativer Akt. Die feurige Energie der Sexualität kann aber auch so gelenkt werden, dass sie die unterschiedlichsten Dinge hervorbringen kann, von Büchern bis zu beruflichen Erfolgen, von Gesundheit bis zu spiritueller Praxis. Der Kern unserer sexuellen Energie ist unser kreativer Fluss, und wenn wir uns dafür entscheiden, ihn entsprechend zu lenken, kann alles zu unserer Kunst werden.

Es gibt einen großen Unterschied zwischen dem unbewussten Streuen von sexueller Energie und dem bewussten Zugriff auf die zentrale

Lebenskraft, mit der wir alle bei unserer Geburt gesegnet werden. Ersteres ist der verschwommene Ausdruck eines Bedürfnisses, ein Weg, um sich durch die Sexualität geliebt zu fühlen. Das andere ist die kraftvolle Einforderung unseres Geburtsrechts auf Freude: die Freude am Sex und die Freude an der Schöpfung in allen Formen.

Wenn wir unsere Sexualität als unser inneres Feuer annehmen, befreien wir sie von der Fokussierung auf unsere Genitalien und auf den physischen sexuellen Akt; wir befreien sie, um Leidenschaft in alle Bereiche unseres Lebens zu bringen. Statt »Ich fühle sinnliche Lust; entweder habe ich jetzt Sex oder versuche, das Gefühl loszuwerden« heißt es dann: »Ich fühle sinnliche Lust; wohin kann ich diese Energie lenken?« Egal, ob wir dann Gartenarbeit verrichten, singen, malen, tanzen oder stricken, wir können mehr Kraft und Intensität in all unsere Aktivitäten bringen, wenn wir unsere sexuelle Lebenskraft durch unsere Hände und Herzen fließen lassen.

Kriegergöttinnen sind kreative Wesen; ich glaube, wir haben das Bedürfnis, uns auf unsere eigene einzigartige Weise auszudrücken. Das können wir, indem wir kochen, malen, fotografieren, unseren Blog gestalten, uns auf besondere Art kleiden oder unsere Kinder aufziehen. Es geht darum, herauszufinden, was unsere Leidenschaft weckt, was unser inneres Feuer entzündet und uns innerlich funkeln lässt. Kreativität ist ein Lebenselixier. Sie verhindert, dass wir innerlich ausdörren, indem sie die Essenz unserer Lebenskraft in neue Ideen, Projekte und Visionen lenkt.

Fürchte dich nicht vor deinen Leidenschaften. Erlaube ihnen, dass sie dich erfüllen und inspirieren. Ich spreche über deine tiefste Sehnsucht nach Verbundenheit, den Ort, an dem du dich dem Göttlichen auf eine Weise öffnest, die deine Seele nährt und dir Lebendigkeit schenkt. Wenn du noch keinen Weg gefunden hast, um deine Kreativität zum Ausdruck zu bringen, suche weiter nach etwas, was dich von innen nach außen erstrahlen lässt. Warte nicht. Schreite voran in Richtung dessen, was sich am besten für dich anfühlt, vom Tanzen über Wasserski bis zum Gärtnern.

Ressourcen

Geschenke

- Deine Sexualität ist deine Lebenskraft und steht in enger Verbindung zu deiner Kreativität, Lebendigkeit und Freude.
- Ob du enthaltsam lebst, in einer Partnerschaft bist oder mehrere Liebhaber hast – die Beziehung zu deiner Sexualität zu heilen und zurückzugewinnen ist eines der größten Geschenke, das du dir selbst machen kannst.
- Sei bereit, *deine* sexuelle Integrität zu entdecken. Was entfacht deine Leidenschaft?
- Sexuelles Experimentieren mit dir selbst und anderen ist einer der Wege, deine Sexualität zurückzugewinnen.
- Deine Kreativität ist dein Zugang zu einem erfüllenden, nährenden Leben. Finde heraus, was dich begeistert, und tu etwas, was dich glücklich macht.

Erkundungen

Um etwas bitten und es annehmen

Ein wirklich gutes Experiment für Kriegergöttinnen besteht darin, um das, was sie wollen, zu bitten und es dann auch anzunehmen. Viele Frauen sind bereit, sexuell zu geben, doch erlauben sich selbst nicht, sexuell zu empfangen – um sich sicher zu fühlen und alles unter Kontrolle zu haben. Verabrede dich zu einem Date (mit einem Partner oder mit dir selbst!), bei dem du bereit bist, einfach nur zu empfangen. Nimm wahr, ob sich das leicht oder schwierig anfühlt. Kannst du dir erlauben, Genuss anzunehmen, ohne irgendetwas zurückzugeben? Kannst du die Kontrolle aufgeben und dich ein wenig über deine Grenzen hinausbewegen, um dich mehr mit dem Göttlichen zu verbinden? Bist du in der Lage, um etwas zu bitten, was du in diesem Moment möchtest?

Sexuelle Verletzungen heilen

Viele Frauen haben als Kinder oder Erwachsene sexuelle Verletzungen oder Missbrauch erlebt und sich darum bewusst oder unbewusst entschieden, ihre Sexualität strikt zu beschränken. Manchmal bringen sexuelle Gefühle und Handlungen alte Traumata oder Erinnerungen an die Oberfläche und führen zu starkem seelischem Aufruhr. Um alte Wunden zu heilen, ist es wichtig, die Energie des Täters bewusst aus dem eigenen Körper zu entfernen. Nutze deinen Atem, um Liebe und Akzeptanz an die Orte zu bringen, die verletzt wurden, und lass alle Energie los, die nicht zu dir gehört. Achte darauf, ob und wann du mit dir selbst in verletzender oder missbräuchlicher Weise umgehst, sei es, indem du besonders hart zu dir bist oder Sex hast, wenn du gar nicht willst. Stimme dein Verhalten auf deine Absicht ab: liebevolle Zuwendung und Heilung zu bekommen, kein weiteres Trauma.

Du kannst heilen. Es braucht einfach Geduld und den Wunsch, nicht länger Opfer zu sein. Gönne dir selbst positive sexuelle Erfahrungen, die Spaß machen. Wenn du Sex hast und Emotionen auftauchen, erlaube dir einfach zu fühlen, was du fühlst. Du musst nicht wissen, woher die

Emotionen kommen; lass sie einfach fließen. Wenn Erinnerungen hochkommen oder du das Gefühl hast, die Verbindung zu deinem Körper zu verlieren, mache eine Pause und bitte um das, was du brauchst – gehalten werden, das Licht anschalten etc. Es ist sehr hilfreich, einen liebevollen Partner einzubeziehen und dich mit ihm im Blickkontakt, von Herz zu Herz, zu verbinden.

Kreative Lösungen finden

In Workshops leite ich diesen Prozess zur Entfaltung unserer Kreativität bei Problemlösungen gern in einer Partnerübung an. Er wirkt großartig, wenn er allein durchgeführt wird, ist aber gemeinsam mit einem Freund oder einer Freundin noch viel intensiver.

Wähle ein Thema, an dem du gerade arbeitest, und spiele mit neuen Lösungen. Beginne, indem du in deinen Unterbauch atmest und deine Lebensenergie einlädst. Dann führe ein Brainstorming durch und finde mindestens fünf kreative Lösungen für dein Problem, ohne dich mit der Frage zu begrenzen, wie realistisch diese sein mögen. Denk nicht nach; schreibe die Lösungen auf, ohne sie zu korrigieren oder wieder zu streichen. Für diese Übung gilt: Je unerhörter und außergewöhnlicher deine Ideen sind, desto mehr wird sich dein Geist für kreative Lösungen öffnen, die dich unterstützen.

Es folgen ein paar Beispiele für kreatives Brainstorming. Du wirst sehen, dass einige kreative Lösungen einfach sind, andere ziemlich verrückt. Schreibe alle auf und überlege dir dann mögliche Schritte des Handelns.

Problem: Meine Beziehung ist gerade zu Ende gegangen, und ich möchte auf eine neue Weise damit umgehen.

Kreatives Brainstorming:

- An einem schönen Ort mit einigen engen Freunden, die mich unterstützen, ein Scheidungsfest feiern.
- Mich eine Woche zurückziehen und mich mit gutem Essen und vielen langen Wanderungen nähren und wieder aufbauen.
- Die neue Zeit des Alleinseins dafür nutzen, etwas auszuprobieren, wovon ich immer schon geträumt habe, wie Sporttauchen oder Töpfern.
- In einer Internet-Singlebörse eine persönliche Anzeige setzen und mich mit fünfzehn Leuten innerhalb von vier Wochen treffen – mit dem Versprechen an mich selbst, keine neue Beziehung einzugehen, sondern einfach zu erkunden, was ich mag oder wie ich mich im Zusammensein mit anderen verhalte.
- Mir den Kopf rasieren und mich ein Jahr lang der Meditation widmen.
- Mich als Freiwillige melden, um einem Kind in Not zu helfen.
- Einen guten Therapeuten oder spirituellen Lehrer finden.

Problem: Ich habe große Schwierigkeiten, meinen Sohn im Teenageralter morgens aus dem Bett zu bekommen, was in unserer Familie eine Menge Stress verursacht.

Kreatives Brainstorming:

- Seine kleine Schwester bitten, ihn jeden Morgen mit einem Eis zu wecken.
- Ihm einen Wecker kaufen und ihm sagen, dass er ab sofort selbst dafür verantwortlich ist, aufzustehen.

- Ihn abends vollständig angezogen ins Bett gehen lassen, nachdem er alles für den nächsten Morgen vorbereitet hat.
- Eine Blaskapelle anheuern, die morgens so lange vor seinem Fenster spielt, bis er aus dem Bett kommt.
- Ihm sagen, dass er nicht länger zur Schule gehen muss, denn auch Leute ohne Schulabschluss schlagen sich irgendwie durchs Leben.
- Ihm sagen, dass er ab sofort in der Schule schläft.
- Ihn fragen, was ihm helfen könnte, morgens aufzustehen.

Wenn du das Brainstorming machst – sowohl im Rahmen der realistischen Möglichkeiten als auch darüber hinaus –, werden sich neue Möglichkeiten eröffnen. Atme weiterhin in deinen Bauch, verbinde dich mit deiner kreativen Lebenskraft und dehne deinen Geist bis in unerhörte Bereiche aus. Wenn du deine Liste später durchliest, wirst du vielleicht eine neue Lösung entdecken.

Nimm wahr, was du normalerweise tust, und suche aktiv nach etwas, was sich von deinem üblichen Muster unterscheidet. Sei kreativ! Die besten Lösungen, die dir helfen, in deinen Zustand des Heilseins zurückzukehren, entstammen der Quelle der Kreativität, die du in dir trägst. Sei verspielt, wenn du dir Experimente überlegst, und dann komme ins Handeln.

Lektion sechs

Entdecke deine Stärke und aktiviere deinen Willen

Für mich gibt es nur zwei Arten von Frauen –
Göttinnen und Fußmatten.

PABLO PICASSO

Gemäß des Zitats von Pablo Picasso war ich lange Zeit eher eine Fußmatte als eine Göttin. Es begann mit meinem ersten festen Freund im Alter von sechzehn Jahren. Wir waren gerade nach Singapur umgezogen, ich war ein schüchterner Teenager und befand mich wie üblich nach einem Umzug in meinem »unsichtbaren« ersten Jahr. Ich war überrascht, dass er mich überhaupt bemerkte. Dass er mich nicht nur bemerkte, sondern mochte, war auf überwältigende Weise berauschend. Ich fühlte mich wie eine Prinzessin, endlich wurde ich trotz meiner Zahnspange, Brille und unbeholfenen Schüchternheit gesehen.

Ich wünschte mir so sehr, von ihm gemocht zu werden, dass sein Wille mein Wille wurde. Was immer er wollte, tat ich, ohne zu zögern. Ich war ein »Pleaser«, wie er im Buche steht, und stellte sein Wohlbefinden immer vor mein eigenes. Ich wollte ihm gefallen, deshalb versuchte ich, so zu sein, wie er mich am liebsten mögen würde. Indem ich das tat, nutzte ich meine Kraft, um etwas zu werden, was ich sein zu müssen glaubte, statt meine Energie darauf zu verwenden, herauszufinden, wer ich war und was ich mochte.

Nachdem diese erste Beziehung geendet hatte, bestand das Muster, gefallen zu wollen, natürlich weiterhin und zog sich durch alle Bereiche meines Lebens, vom Beruf über Freundschaften und Partnerschaften bis hin zu persönlichen Entscheidungen. Es fällt uns Frauen allzu leicht, unsere Entschlusskraft und unsere Macht an andere abzugeben, ohne den Schaden zu erkennen, den wir uns selbst zufügen. Doch sehen wir dieses alte Muster einmal in aller Deutlichkeit, können wir beginnen, die verstreute Saat unserer Macht einzusammeln, und lernen, unsere Stabilität zurückzugewinnen.

Wie ich in der ersten Kriegergöttinnen-Lektion, »Steh zu der Frau, die du bist«, schrieb, hat wahre Macht ihren Ursprung nicht im Äußeren, also nicht in Menschen, Orten oder Dingen, sondern im Inneren. Damit wir unsere Stärke zurückgewinnen, müssen wir ehrlich anerkennen, wo wir unsere Macht von Äußerem abhängig machen und wo wir Sicherheit in alten Strategien suchen statt in bewusstem Handeln.

Wir aktivieren unseren Willen, wenn wir uns klar darüber werden, was wir uns wirklich für uns selbst wünschen, und wenn wir aus dieser Klarheit heraus handeln. Wenn wir gänzlich davon in Anspruch genommen sind, was andere denken, unterdrücken wir unsere Ängste und werden nicht über den Willen verfügen, in unserer Macht zu ruhen.

Deshalb besteht der erste Schritt, um deine Stärke zu entdecken und deinen Willen zu aktivieren, darin, dass du dir klar darüber wirst, was du willst. Nicht über das, was dein inneres Opfer oder innerer Richter wollen, und auch nicht über das, was du schön fändest, sondern über das, was deiner höchsten Vision und deinem wichtigsten Ziel für dich selbst entspricht. Ich habe Folgendes herausgefunden: Wenn du dir über die Sehnsucht deines Herzens klar wirst, wird das Universum dich auf großartige Weise unterstützen!

Lass uns also herausfinden, was du in den wichtigsten Bereichen deines Lebens wirklich willst. Schreibe auf ein Blatt Papier deine Antworten auf die folgenden Fragen. Denk nicht lange über deine Antworten nach oder du riskierst, dem inneren Richter oder Opfer zu erliegen. Es macht nichts, wenn eine Stimme in deinem Kopf ruft: »Das ist nicht realistisch!«, während du deine Antworten niederschreibst; es geht darum, deine wahren Wünsche hervorkommen zu lassen.

- Wie wünschst du dir deine intimsten Beziehungen? (Das kann andere betreffen und/oder dich selbst.)

  Meine Antwort: *Ich wünsche mir, dass meine intimen Beziehungen auf Ehrlichkeit, Respekt und Mitgefühl gründen, und ich möchte unterstützend und liebevoll mit mir selbst umgehen, wenn ich einen Fehler gemacht habe.*

- Wie wünschst du dir deinen beruflichen Weg? (Erinnere dich, mit Kindern zu Hause zu bleiben ist ein Vollzeit-Job!)

  Meine Antwort: *Ich möchte jedes Jahr ein Buch schreiben, eine Balance zwischen Reisen und dem Arbeiten zu Hause finden und vor vielen Menschen Vorträge halten, um ihre Transformation zu unterstützen und mehr Raum für Liebe und Kreativität in der Welt zu schaffen.*

- Wie wünschst du dir deine Beziehungen zu deiner Familie und Freunden? (Stell dir einen Ort des Vertrauens und Akzeptierens vor und denk daran, dass wir nicht bekommen können, was wir selbst nicht zu geben bereit sind.)

  Meine Antwort: *Ich möchte genügend Zeit für Spiel und vergnügliche Zusammenkünfte mit meinen Freunden und meiner Familie haben.*

- Wie wünschst du dir deine Freizeit? (Möchtest du öfter tanzen? Mehr Zeit aufs Lernen verwenden? Reisen?)

  Meine Antwort: *Ich möchte öfter singen und mehr Zeit in der Natur verbringen. Ich möchte eine regelmäßige spirituelle Praxis pflegen und so trainieren, dass mein Körper sich stark und gesund anfühlt.*

Korrigiere dich nicht, während du schreibst – beobachte einfach, was auftaucht. Indem du dir klar darüber wirst, was du dir wünschst, machst du den ersten Schritt, um es zu erhalten.

Sei dir bewusst: Manchmal konfrontiert uns das Leben mit Situationen, die uns daran hindern, das zu tun, was wir im gegenwärtigen Moment wollen. Ich habe zum Beispiel eine Freundin, die gern in Europa leben möchte, doch ihre Mutter ist gebrechlich und krank geworden. Deshalb hat sie sich entschieden, zunächst mit ihrer Mutter in den USA zu bleiben, um ihr während ihrer letzten Zeit beiseitezustehen. Obwohl sich meine Freundin wirklich wünscht, an einem anderen Ort zu leben, trifft sie dennoch die Wahl, zu Hause zu bleiben, weil der Wunsch, sich um ihre Mutter zu kümmern, größer ist als der Wunsch, in Italien zu leben. Sie tut dies bewusst, ohne dem Versuch zu erliegen, sich irgendwelche Opfergeschichten zu erzählen. Sie weiß außerdem, dass sie sich ihren Traum, im Ausland zu leben, wahrscheinlich irgendwann erfüllen wird.

Wieder authentisch handeln

Wenn wir erfahren, was wir wirklich wollen, erkennen viele von uns, dass wir unseren Willen bisher falsch genutzt haben.

Sehr wahrscheinlich hast auch du gelernt, deinen Willen vor allem für ein zentrales Ziel einzusetzen: Sicherheit zu erlangen. Wir entwickeln ein (falsches) Gefühl für Sicherheit auf vielfältige Weise:

- Wir versuchen, unsere Umgebung zu ändern und zu manipulieren (Kontrolle).
- Wir springen von einer Sache zur nächsten (Ablenkung)
- Wir verstecken uns und geben vor, klein und unwichtig zu sein (Rückzug).
- Wir stellen sicher, dass andere uns mögen (Gefallen-Wollen).

Ich nenne diese vier Daseinsweisen unsere Kernstrategien. In meinem ersten Buch *Spiritual Integrity* (Spirituelle Integrität) habe ich diese vier Strategien geschildert. Im Folgenden fasse ich zusammen, wie diese Strategien unsere Stärke aufzehren und wir unsere Kraft von ihnen zurückgewinnen können.

Unsere Kernstrategien, um uns sicher zu fühlen
Die meisten Frauen wenden in ihrem Leben ein wenig von jeder der vier Strategien an. Und eine davon prägt unser Dasein häufig ganz besonders. Unsere Kernstrategie ist unsere unwillkürliche Reaktion, die uns ein Gefühl von Kraft gibt, wenn wir uns verängstigt oder verwirrt fühlen.

Das Ziel unserer Kernstrategie besteht darin, die Welt überschaubar zu halten und ein Gefühl von Sicherheit und Stabilität zu entwickeln.

Kontrolle
Menschen mit der Kernstrategie Kontrolle, die »Controller«, fühlen sich sicher, wenn sie die äußere Welt in ihrer Umgebung oder ihre eigene innere Welt unter Kontrolle haben. Controller können großartige Führungskräfte und Visionäre sein, doch häufig nutzen sie ihre Gabe, indem sie unangenehme Situationen einfach aus dem Weg räumen, andere Leute zwingen, das zu tun, was sie wollen, und ihren Ausdruck beschränken. Controller lenken ihre eigenen Gefühle und die von anderen durch subtile oder offensichtliche Beherrschung und Manipulation. Sie glauben, dass ihr Weg der richtige ist.

Ablenkung
Menschen mit der Kernstrategie Ablenkung fühlen sich sicher, wenn sie ständig beschäftigt sind und wenig achtsam für das, was gerade geschieht. Statt ihre Gefühle wahrzunehmen oder sich mit unangenehmen Dingen zu konfrontieren, verbringen sie Stunden damit, Videospiele zu spielen, sich Projekten oder Hobbys zu widmen, mit Freunden zu reden oder nach irgendetwas anderem zu suchen, was ihnen Zerstreuung bieten kann. Sie verfügen über ein großes Multitasking-Talent und sind häufig

mental flink, doch ihre Energie zerstreut sich leicht, und sie haben große Schwierigkeiten, das zu fokussieren und zu erschaffen, was sie sich in der Welt wünschen.

Rückzug

Menschen mit der Kernstrategie Rückzug verstecken sich, wenn sie sich fürchten oder in eine unangenehme Situation kommen – entweder physisch oder emotional. Wenn sie getriggert werden (oder schon bevor ein Trigger auftaucht), flüchten sie sich Hals über Kopf in die Sicherheit. Diese Menschen haben häufig eine starke Verbindung zur Seele und ein feines Gefühl für sich selbst, doch sie sind gespalten zwischen der Sehnsucht, wirklich gesehen und verstanden zu werden, und dem Wunsch, unsichtbar zu sein. Gewöhnlich schränken sie ihre Energie und ihre Wahlmöglichkeiten ein.

Gefallen-Wollen

Menschen mit der Kernstrategie Gefallen-Wollen, die »Pleaser«, glauben, dass sie nur akzeptiert werden und sicher sind, wenn sie anderen helfen. Pleaser scannen kontinuierlich die Reaktionen anderer, um sicherzugehen, dass jeder sich wohlfühlt. Ihre Gaben sind ihre Sensibilität und ihre spirituellen Fähigkeiten, doch wenn sie sich in ihrer Sicherheitsstrategie befinden, werden sie überwachsam und konzentrieren sich sehr auf die äußere Welt. Als Folge fühlen sie sich häufig schlecht behandelt und empfinden Groll. Pleaser kommen sich oft verloren vor, wenn sie sich nicht um andere kümmern und dafür sorgen können, dass deren Bedürfnisse gestillt werden.

Wie reagierst du auf schwierige Situationen? Übst du Kontrolle aus, findest du plötzlich etwas Wichtigeres zu tun, ziehst du dich zurück oder kümmerst du dich darum, dass andere sich wohlfühlen? Finde heraus, welcher Kernstrategie du folgst, wenn du überrascht oder überfordert bist.

Wenn du wie die meisten Menschen strukturiert bist, gibt es einen Anteil in dir, der sich nicht verändern will, der auf die Strategie, die er erschaffen hat, geeicht ist und der ganz und gar davon überzeugt ist, dass diese Strategie dir »Sicherheit« verschafft. Deine Kernstrategie ist so in die Struktur deines Wesens verflochten, dass es konzentriertes Handeln braucht, um zu erkennen, was deine wahre authentische Kraft ist und was einfach nur Strategie.

Dazu gibt es eine hilfreiche Übung. Verbringe die nächsten paar Tage damit, deine Strategie zu beobachten. Wie entfaltet sie sich in deinem Leben? Wie beeinflusst sie dich? Experimentiere damit, dich von der Brillanz deiner Strategie inspiriert statt von ihrer Stärke überwältigt zu fühlen. Erkenne, wie sie dir in der Vergangenheit gute Dienste geleistet hat – in dem Wissen, dass du Macht über die Strategie gewinnst, wenn du dir bewusst wirst, wann du sie anwendest und wann nicht.

Stell dir die folgenden Fragen: Bin ich bereit zu lernen, meine Strategie loszulassen? Bin ich bereit, das Risiko auf mich zu nehmen, zu tun, was getan werden muss, sodass ich in jedem Lebensbereich aus meiner Integrität heraus leben kann? Was kann ich tun, um noch mehr Bereitschaft zu entwickeln?

Wenn wir beginnen, unsere Strategie zu enträtseln, reagieren wir häufig mit weiteren Fragen: Aber wie kann ich anders handeln? Was soll ich tun? Unsere Wahrnehmung kann durch unsere Kernstrategie so verengt sein, dass wir keine andere Option sehen; wir verwechseln unsere Kernstrategie mit unserem Wesen. Und wenn wir beginnen, die Strategie zu überprüfen, können wir uns unsicher und ausgeliefert fühlen. Genau an diesem Punkt entwickelt sich die Bereitschaft. Statt überwältigt zu werden, können wir lernen, bewusst unseren Wunsch zu kultivieren, wie eine Kriegergöttin zu leben, das heißt jenseits aller Strategien. Unsere Bereitschaft wird der Brennstoff sein, wenn wir unsere Strategien entwirren und neue Verhaltensweisen entwickeln.

Indem wir bewusste Bereitschaft an den Tag legen, werden wir uns sicher durch die unangenehmen Situationen navigieren, die entstehen, wenn wir unsere authentischen Entscheidungen von unseren Strategien lösen. Bereitschaft bedeutet nicht, dass wir alles sofort herausfinden müssen oder gleich wissen, was als Nächstes zu tun ist. Bereit sein heißt offen sein für alles, was auftaucht, und achtsam bleiben für alles, was mit unserem Geist, unseren Emotionen und unserem Körper geschieht.

Wahre Bereitschaft muss irgendwo beginnen, und dieses Irgendwo ist die Wahrheit über uns selbst. Nicht über die Frau, die wir zu sein *wünschen* oder die wir sein *sollten,* sondern über die, die wir in diesem Moment wirklich sind. Du musst bereit sein, dir die Wahrheit über das, was du in deinem Leben verändern willst, zu erzählen.

Unsere Stärke als Kriegergöttin besteht darin, die Herausforderungen des Lebens zu umarmen, alles an uns inklusive unserer Schwächen zu lieben und Ja zu Unannehmlichkeiten zu sagen. Das bedeutet nicht, nach Dramen oder schwierigen Situationen Ausschau zu halten, sondern alles in unserem Leben zu nutzen, um unsere Widerstandskraft, unseren Mut und unsere Stärke zu fördern.

Ich habe kürzlich einige neuere Studien über Stress gelesen, die alles bestreiten, was uns über die negative Wirkung von Stress bislang erzählt wurde. Diese neuen wissenschaftlichen Erkenntnisse legen nahe, dass Stress tatsächlich positiv auf uns wirkt, weil er uns hilft, Stärke und Fokus zu entwickeln, wenn diese gebraucht werden. Die Gesundheitspsychologin Kelly McGonigal glaubt, dass die schädlichen Wirkungen von Stress eine Folge der Auffassung sein könnten, Stress sei schlecht für unsere Gesundheit, dass aber Stress selbst nicht an sich negativ sei. Die Natur scheint uns Kriegergöttinnen dieselbe Botschaft zu vermitteln: Wir können unsere Umgebung und Erfahrungen nutzen, um Stärke und Widerstandskraft zu entwickeln.

Wenn Stahl gehärtet wird, werden Hitze und Druck eingesetzt, um das Metall zu stärken. Wenn ein Schmetterling beginnt, sich aus seinem Kokon zu befreien, muss er kämpfen und stärkt auf diese Weise seine Flügel. Befreit jemand den Schmetterling zu früh aus seinem Kokon, wird er nicht fliegen können, weil die entscheidende Härtestufe übersprungen wurde. In einem Experiment, in dem ein ganzes Ökosystem in einer Schutzblase erschaffen wurde, gingen Bäume, die eigentlich gesund waren, unerwartet ein. Die Forscher erkannten später, dass diese Bäume Wind benötigt hätten, um ihre strukturelle Stärke aufzubauen und aufrecht zu stehen.

Wenn wir die mühsame Arbeit, unsere alten einengenden Strukturen aufzulösen, vermeiden oder wenn wir die Verantwortung für unsere eigene Freiheit an andere Menschen abgeben, werden wir nicht über das verfügen, was wir brauchen, um die Natur unseres Wesens zu entfalten. Wenn wir in unserer Mitte bleiben, werden uns die Herausforderungen, mit denen wir konfrontiert werden, stählen. Wir können unsere inneren und äußeren Kämpfe als Kokon oder Wind betrachten, als den entscheidenden Faktor, der unsere Flügel stärken und uns unsere Zweige gen Himmel ausstrecken lassen wird.

Ich habe herausgefunden, dass es mir in einer schwierigen Situation – wenn ich beispielsweise eine knappe Deadline einhalten oder mich einer emotionalen Herausforderung stellen muss – ausgesprochen gut geht, wenn ich mich darauf konzentriere, kreativ und neugierig zu beobachten, wie ich durch die Situation gestärkt werde. Künstler berichten häufig, dass Knappheit, Spannung und Zeitlimits ihre Arbeit verbessern können. Versuche deshalb, deine Einstellung dahingehend zu verändern, dass alle Herausforderungen deine Kraft und Flexibilität steigern können, und erlaube dir, deine Flügel weit auszubreiten. Wahre Kriegergöttinnen-Stärke umarmt die schwierigen Schattenanteile von uns selbst. Es geht nicht darum, niederzuzwingen, was wir nicht verstehen oder was uns ängstigt; es geht darum, mutig mit den Energien des Lebens zu arbeiten. Die Macht des Schattens nicht gegen sich selbst zu richten, sondern als Energiequelle zu nutzen, ist ein wunderbarer innerer Prozess.

Reine Akzeptanz und Liebe sind die direktesten Wege, um unsere inneren Dämonen zu zähmen. Ärger, Verurteilung, Frustration und Furcht nähren die destruktiven Kräfte nur. Wenn wir wahrhaft unser Herz öffnen und aus friedvoller Stille heraus handeln, können wir uns mit unserer Wildheit anfreunden. Wir versuchen nicht mehr, uns selbst oder andere zu bezwingen, und entscheiden uns für das kreative Lenken unserer Emotionen und Ängste. Wir lernen, klare Grenzen zu setzen und unsere Erwartungen mit Anmut und Würde zu klären. Stärke spiegelt das starke, bewusste innere Gefäß wider, das wir geschaffen haben und das alle Teile unseres Selbst einschließt. Jeder von uns ist auf innige Weise mit seinen

Wünschen und Gefühlen verbunden, die weder ignoriert noch bekämpft werden dürfen. Dass wir mit unserem Selbst arbeiten und nicht dagegen ankämpfen, wird uns die Energie zur Verfügung stellen, alte Wunden zu heilen und verborgene Grenzen aufzudecken.

Wenn wir unsere Kriegergöttinnen-Macht annehmen, hören wir auf, die Meinungen anderer Menschen gegen uns zu verwenden, und konzentrieren uns darauf, unsere Meinung von uns selbst zu verbessern. Wir nehmen Dinge nicht mehr persönlich, lassen das Opfer/Täter- und Richtig/Falsch-Modell hinter uns und erhalten Zugang zu der Macht der Freundlichkeit und der Wildheit des Mitgefühls, die jenseits von Vorwürfen und Selbstzweifel existieren.

Eine Göttin zu sein bedeutet, sich selbst Hochachtung entgegenzubringen. Es handelt sich um eine kompromisslose Haltung von Selbstrespekt und Selbstliebe. Eine Kriegergöttin zu sein bedeutet, sich sowohl mit der eigenen Macht als auch mit der eigenen Verletzlichkeit wohlzufühlen in dem sicheren Wissen, dass beides Stärken sind.

Unbewusste Strategien loslassen

Jede der oben genannten Strategien trägt eine Gabe in sich, eine Kernstärke, die uns, bewusst eingesetzt, hilft, in Einklang mit unserer authentischen Kraft zu kommen. Doch es braucht Selbstdisziplin, um die Neigung loszulassen, sie unbewusst anzuwenden. Selbstdisziplin ist keine Strafe, sondern eine Verbündete, die uns dabei unterstützt, uns zu fokussieren und unseren Willen und unsere Aufmerksamkeit exakt dorthin zu richten, wo wir sie benötigen. Ich liebe den Ausspruch der Fitnesstrainerin Patricia Moreno, die ganz in ihrer Kraft ist: »Selbstdisziplin bedeutet Freiheit. Sie motiviert dich, zu tun, was du wirklich tun willst.«

Eine der besten Methoden, um unbewusste Strategien loszulassen – das heißt zu tun, was wir wirklich tun wollen, zu antworten, wie wir wirklich antworten wollen, und zu handeln, wie wir wirklich handeln wollen –, ist das Experimentieren mit neuen Verhaltensweisen, die unsere Energie befreien. Wir möchten authentisch und nicht automatisch leben. Das bedeutet eine Abkehr vom Willen unserer Strategie und eine Hinwendung zum Willen unserer Stärke.

Experimente dieser Art ähneln dem, was die Tolteken »Nicht-Tun« nennen. Nicht-Tun bezeichnet eine Handlung, die wir aus keinem anderen Grund ausführen als dem, alte Muster aufzulösen. Einige simple Beispiele für Nicht-Tun sind: essen mit der nichtdominanten Hand, jeden Tag einen anderen Weg zur Arbeit fahren oder ein tiefes Loch in die Erde graben und es wieder auffüllen. Nicht-Tun hat zwei Ziele: Erstens üben wir uns darin, uns hundertprozentig einer Tätigkeit zu widmen – ohne Grund und ohne eine Belohnung zu erwarten; zweitens verändern wir gewohnte Verhaltensmuster.

Weil Strategien unbewusste Gewohnheiten sind, ist Nicht-Tun ein großartiger Weg, mehr Flexibilität und Wahlfreiheit zu gewinnen. Womit wir experimentieren, sind neue Arten des Handelns. Beginne deshalb damit, dass du deine Muster und Gewohnheiten rund um deine Strategie beobachtest. Wann kontrollierst du, wann lenkst du dich ab, wann ziehst du dich zurück, wann versuchst du zu gefallen? Entwickle Achtsamkeit für deine Verhaltensweisen und Reaktionen, ohne dich selbst zu verurteilen. Es kann frustrierend sein zu erkennen, wie häufig du strategisch statt authentisch handelst, doch bleibe fröhlich und neugierig dran.

Einige Hinweise dazu: Wenn du bei der Arbeit eine Führungsposition einnimmst – und sogar, wenn du das nicht tust –, wirst du vielleicht auf Kontrolle als Methode der Zielerreichung geeicht sein. Kontrolle ist die allumfassende Strategie der Arbeitswelt, jedoch möglicherweise nicht deine persönliche Strategie, sondern eine, die du dir im Arbeitsalltag angeeignet hast. Kontrolle als berufliche Strategie aufzulösen ist von großer Bedeutung für wahrhaft gute Führung. Vielleicht erkennst du aber, dass du auf persönlicher Ebene ein Pleaser bist oder dich zurückziehst. Benenne deine persönliche Strategie und arbeite damit, unabhängig davon, welche anderen »Rollen« du sonst in deinem Leben einnimmst.

In den USA und vielen anderen Ländern ist die meistverbreitete Strategie zur Bewältigung des Alltags die Ablenkung. Denk nur an die Popularität von Facebook – ein Paradies für alle Anhänger der Ablenkungsstrategie! Oder beobachte das hohe Tempo, die schnellen Schnitte und die häufigen Werbepausen im kommerziellen Fernsehen und die Tendenz zu immer kürzeren Informationsschnipseln anstelle von gründlicher Information. Obwohl du also aufgrund der Umwelteinflüsse vielleicht die Neigung zu Ablenkung entwickelt hast, kann deine persönliche Strategie dennoch in Kontrolle, Rückzug oder Gefallen-Wollen bestehen. Ich bin überzeugt, alle Kriegergöttinnen können davon profitieren, wenn sie die Ablenkung in ihrem Leben verringern.

Um mit Veränderung zu experimentieren, setze dir einen Zeitrahmen und konzentriere dich auf bestimmte Verhaltensweisen. Benenne klar und präzise, welches Experiment du durchführst, und versuche, offen für den Ausgang zu sein. Wenn du glaubst, jetzt schon das Resultat zu kennen, handelt es sich nicht um ein Experiment, oder? Experimentieren erleichtert das Einüben neuer Verhaltensweisen und kann uns helfen, in unserer Mitte zu bleiben, selbst wenn das, was wir tun, eine Herausforderung darstellt.

Hier findest du einige Ideen für Nicht-Tun. Du setzt den Zeitrahmen, und los geht's! Das sind keine Verhaltensweisen für die Dauer, sondern Wege, deinen Willen so einzusetzen, dass du mehr Wahlmöglichkeiten gewinnst.

- **Für Controller:** Bilde dir über etwas schnell eine Meinung. Teile deine Sichtweise niemandem mit, selbst wenn du danach gefragt wirst. Gehe in die Stille. Übe dich darin zu sagen: »Ich habe einen Fehler gemacht.«
- **Für Menschen mit Ablenkungsstrategie:** Praktiziere regelmäßig die Fünf-Minuten-Fokus-Pause, in der du alles, womit du beschäftigt bist, loslässt und deine Aufmerksamkeit auf deinen Atem und Körper lenkst. Tu nur eine Sache auf einmal. Warte eine Minute, bevor du die nächste Aufgabe beginnst.
- **Für Menschen mit Rückzugsstrategie:** Gehe zu einem Treffen oder einer Veranstaltung, auch wenn du keine Lust hast. Nimm dir vor, jeden Tag einen neuen Menschen kennenzulernen. Intensiviere den Kontakt mit jemandem, den du kennst, und vertraue dich ihm an, indem du ihm von einer verletzlichen Seite erzählst.
- **Für Pleaser:** Sage Nein zu jeder Bitte, die an dich gerichtet wird und auf die du normalerweise mit Ja antworten würdest. Wenn du bei jemandem zu Besuch bist, biete nicht an, beim Abwasch oder bei etwas anderem zu helfen. Wenn dich jemand fragt, wo du gern zu Mittag essen möchtest, sage klar, was du möchtest.

Jedes gute Experiment rund um die Veränderung von Strategien wird in der einen oder anderen Weise eine Herausforderung darstellen, weil es sich ungewohnt anfühlt. Sei freundlich zu dir selbst. Wir entwickeln diese Strategien oft schon als kleine Kinder, und es kann uns ziemlich aus der Fassung bringen, wenn wir anfangen, sie zu verändern. Bleibe dran und lass die Transformation geschehen.

Die nächste Kriegergöttinnen-Lektion wird dir zeigen, wie du alte Schutzpanzer auflöst und das Licht deiner innersten Kraft zum Strahlen bringst.

Ressourcen

Geschenke

- Deine wahre Kraft entfaltet sich, wenn du deine Beziehung zu deiner innersten Führung vertiefst.
- Deine wahre Stärke entfaltet sich, wenn du vorwärtsschreitest und deine Ängste und Schwächen zu lieben lernst.
- Alte Strategien zehren deine Energie auf; du hast sie entwickelt, um deine Sicherheit zu wahren.
- Indem du deinen Willen und liebevolle Selbstdisziplin einsetzt, um neue Wahlmöglichkeiten zu erlangen, befreist du deine Kreativität und deine Fähigkeiten.

Erkundungen

Eine Liste deiner Stärken

Stell eine Liste deiner vermeintlichen Schwächen zusammen. Dann schreibe neben jede Schwäche, inwiefern sie auch eine Stärke darstellt.

Betrachte dein Leben und schreibe auf, welche Ereignisse dich am nachhaltigsten zu Selbsterkenntnis und zum Gefühl von innerer Kraft geführt haben. Schreibe auch all die Dinge nieder, die du »überlebt« hast und die dich stärker gemacht haben.

Lektion sieben
Öffne dein Herz

Wenn du nach Liebe suchst, verhinderst du die Erkenntnis, dass du sie längst hast – dass du selbst Liebe bist.

BYRON KATIE

Bereits seit vielen Jahren verstand ich die Vorstellung von bedingungsloser Liebe und Akzeptanz. Ich wusste, welche Frau ich werden wollte: liebevoller, annehmender, mitfühlender. Im Alltag allerdings kostete es mich ungeheure Kraft, mein Herz zu öffnen, insbesondere wenn ich mir Sorgen machte. In meinem Streben nach einem sanften, offenen Herzen bemerkte ich, dass es einen direkten Zusammenhang zwischen meinem Herzen und meinem inneren Richter gab: Wenn die Stimme meines inneren Kritikers laut war, war mein Herz verschlossen. Trotz dieser Erkenntnis quälte mich mein Richter weiter, und mein Herz blieb gepanzert und geschützt.

Du kannst es glauben oder nicht, was mich schließlich in eine neue Beziehung zu meinem Herzen katapultierte, war ein altes Gemälde von einem Adler. Es war im Jahr 1996, ich befand mich mit Don Miguel Ruiz und einer Gruppe bei den Pyramiden von Teotihuacán in Mexiko. Ich meditierte still vor einem Wandgemälde, das einen Adler zeigte, als ich plötzlich eine Vision hatte; ich sah, wie der Adler aus der Wand schoss, mein Herz in seinen Schnabel nahm und in die Sonne flog. Ich hatte darum gebetet, dass ich meine Ängste in Bezug auf eine Beziehung, die ich führte, loslassen konnte, und intuitiv verstand ich die Botschaft, die mir durch diese Vision vermittelt wurde: Dein Herz gehört weder dir noch irgendeinem anderen; es gehört dem Universum. Lass es wie die Sonne strahlen. Hänge dein Herz nicht an dies oder das; lass dein Herz zu einem Spiegel der universellen Liebe werden, ein Herz, das reine Liebe aussendet.

Ich begriff in dem Augenblick dieser intensiven Erfahrung, dass mein authentisches Herz nicht brechen konnte; es konnte nicht weggegeben werden, einem einzigen Menschen gehören oder gar eigene Vorlieben haben. Mein Herz war kein einzelnes Organ, sondern das ganze Universum mitsamt seinen Sternen und seinem Raum pulsierte in meiner Brust. Ich fühlte und verstand, wie innig ich mit allem verbunden war und wie sehr ich alles liebte! Die Freude, der Schmerz, das Leiden, das Glück, der Geliebte, der Dieb, die Verkäuferin an der Kasse, meine beste Freundin – alle waren, mit den Augen meines wahren Herzens gesehen, heilig, reine Liebe in Bewegung.

Im Lauf der Zeit erkannte ich, dass sich durch die Erfahrung mit dem Adler in Teotihuacán eine grundlegende Veränderung meines Wesens vollzogen hatte. Sein Zentrum hatte sich von meinem Kopf in mein Herz verlagert. Auch wenn mein innerer Richter immer noch meine Aufmerksamkeit auf sich ziehen konnte, war er nicht länger derjenige, der führte. Als ich irgendwann nach diesem Erlebnis einen Fehler machte, flüsterte eine freundliche innere Stimme: »Ups, lass es uns noch einmal versuchen!« Ich war starr vor Überraschung. Nachdem ich Jahr um Jahr von meinem inneren Richter angetrieben worden war, besser zu werden, mich mehr anzustrengen, perfekt zu sein, fühlte sich diese freundliche Selbstakzeptanz ungewohnt an.

Zuerst war ich misstrauisch, es war, als ob ein alter Feind plötzlich begonnen hatte, mir Schokolade zu schenken und Blumen zu schicken. Warum war ich so nett zu mir, wenn ich etwas falsch gemacht hatte? Würde der Richter zurückkehren und mich einfach später bestrafen? Was, wenn mein Richter recht hätte und diese Freundlichkeit mich so weich werden ließe, dass ich noch mehr Fehler machte und selbstgefällig würde?

Als ich weiterhin die Veränderung meines inneren Dialogs von Angst (Geist) und Liebe (Herz) beobachtete, erkannte ich jedoch: Wenn der furchtsame Richter meine Handlungen lenkte, zog mir das Energie ab und ließ mich besorgt und nervös reagieren; wenn mein akzeptierendes Herz mich inspirierte und führte, fühlte ich mich glücklicher, vertrauensvoller und flexibler.

Die Dinge begannen sich wirklich zu verändern, als ich anfing, Geist und Herz zu verbinden. Dies ist eine wichtige Lektion für ein Kriegergöttinnen-Herz: Entwickle Mitgefühl und eine wilde Liebe zu dir selbst, während du alte Knoten und Ängste auflöst und die Fähigkeit deines Herzens wächst. Wir hatten alle schon Erlebnisse, die uns explosionsartig für die Liebe öffneten: die Geburt eines Kindes, eine unerwartete spirituelle Erfahrung, selbst das hinreißende Kleid mit der perfekten Farbe. In diesen Momenten tauchen wir ein wenig ein in den Strom der Herzenskraft, sie sind ein Vorgeschmack auf die Qualität des Herzens. Wir wollen mit diesen singulären Erfahrungen arbeiten und unser Herz als das Zentrum unserer Wahrnehmung festigen. Um wirklich aus dem Herzen zu leben, benötigen wir die Werkzeuge einer Kriegerin: Geduld, Durchhaltekraft und Humor. Bereite also deine mitfühlende Göttin der heiligen Reinigung darauf vor, Seite an Seite mit deiner Kriegerin daran zu arbeiten, alle Blockaden und falschen Glaubenssätze in deinem Herzen zu klären.

Das Herz reinigen

Das Herz ist der stärkste Muskel unseres Körpers, und es schlägt im Lauf des Lebens etwa 2,5 Milliarden Mal. Auf energetischer Ebene ist die Fähigkeit des Herzens, zu geben und zu empfangen, schier endlos. Für viele von uns jedoch stellt das Herz einen unserer meistgeschützten Bereiche dar. Wir haben die Neigung, unser Herz zu panzern, wenn wir uns unsicher fühlen, wenn wir physische, emotionale oder sexuelle Verletzungen erfahren und/oder wenn wir uns als hilflos erleben. Deshalb ist es so wichtig, unser Gefäß zu reinigen, alte Geschichten loszulassen und unsere Stärke zurückzugewinnen. Wenn wir das nicht tun, wird sich unser Herz weiter zerbrechlich anfühlen, und was wir als verletzlich wahrnehmen, wollen wir beschützen.

Wir schützen unser Herz in unterschiedlichster Weise: physisch, indem wir etwa unsere Schultern runden und die Brust einsinken lassen; emotional, indem wir unseren Zugang zu Gefühlen von Angst oder Schmerz verschließen; geistig, indem wir glauben, dass wir zerbrochen oder zerstört werden könnten, wenn wir uns nicht zurückziehen. Diese Art von Schutz vermittelt uns die Illusion, dass wir sicher sind und alles unter Kontrolle haben.

Die unsichtbaren Mauern, die wir um unser Herz errichten, führen zu der Angst, wir könnten zerbrochen werden. Doch das Herz kann auf eine Art stark und weise sein, die jenseits der üblichen Maßstäbe liegt, wenn wir ihm den Raum geben, sich zu entfalten. Neuere wissenschaftliche Studien belegen, dass das Herz eine eigene natürliche Weisheit besitzt, die sich nicht an den Geist knüpft. In ihrem bahnbrechenden Buch *Die HerzIntelligenz-Methode* schöpfen Doc Childre und Howard Martin aus über 30 Jahren wissenschaftlicher Forschung, wenn sie zeigen, dass das Herz nicht nur ein Organ ist, das Blut durch den Körper pumpt; es stellt unser eigentliches Bewusstseinszentrum dar. Das Herz verfügt über 40 000 Neuronen, so viele, wie das Hirn hat, und wenn das Herz die Führung übernimmt, wird der Geist fokussierter und entspannter. Aktivieren wir bewusst unsere Herzintelligenz, werden unsere Kreativität und Intuition gesteigert, während Stress und Angst reduziert werden.

Wie also gewinnen wir Zugang zur Weisheit unseres Herzens? In seinem Kern ist das Herz ein wundervoller Lehrer und Freund. Doch um diesen Kern der Wahrheit spinnt sich ein raues Netz von mentalen Lügen und Ängsten. Wenn wir unser Gewahrsein in das Licht unseres wahren Herzens bringen, können wir die Geschichten, die unser Geist sich erzählt und die unser Herz verschließen, klären und loslassen.

Einer der wichtigsten Glaubenssätze, die wir in uns tragen, ist der, dass Menschen uns verletzen können. Ja, es stimmt, unser physischer Körper kann verletzt werden. Doch ist der physische Körper »wir«? Es ist wahr, dass unser emotionaler Körper verletzt werden kann. Ist unser emotionaler Körper »wir«? Es gibt viele Menschen, die verkrüppelt sind oder emotionale Schmerzen haben, doch ihre Essenz ist unberührt. Wenn wir glauben, dass wir unser Körper oder unsere Emotionen *sind,* werden wir physischen und emotionalen Schmerz kontinuierlich fürchten. Unser gepanzertes Herz wird sich schon bei dem leisesten Verdacht auf physischen oder emotionalen Schmerz verschließen, auch wenn das gar nicht eintritt! Und damit verbringen wir den Großteil unseres Lebens: Wir sorgen uns darum, wie wir Schmerz vermeiden können, und jagen flüchtigen Freuden hinterher.

Wenn wir unsere Ängste vor physischem oder emotionalem Schmerz immer wieder abspulen, stecken wir in unserem Fokus auf das Überleben fest. Dieser Fokus ist zwar wichtig, doch die meisten Menschen bringt er aus der Balance. Stell dir ein Reh vor, das durch ein Geräusch aufgeschreckt wird. Alle seine Sinne sind geschärft, es erstarrt und sucht die Umgebung nach möglichen Gefahren ab, oder es flieht, um sich in Sicherheit zu bringen. Wenn die unmittelbare Gefahr vorüber ist, kehrt es sehr rasch wieder zu seinem friedlichen Grasen zurück.

Wenn wir unser Überleben davon abhängig machen, ob wir liebenswert sind oder nicht, oder uns zu lange mit einem möglichen physischen Schmerz beschäftigen, verbleiben wir in diesem Kampf-oder-Flucht-Modus. Wir sind ständig extrem wachsam für Zurückweisung, Verlassenwerden oder möglichen Schmerz. Unsere falschen Glaubenssätze bestimmen unser Leben, sagen uns, dass wir zerbrechlich sind oder schlimme Dinge passieren werden. Wenn wir uns auf die Weisheit unseres Herzens ausrichten, wissen wir, dass wir immer vom Universum gehalten, geliebt und unterstützt werden, selbst wenn wir in diesem Moment gerade kämpfen müssen. Der Geist kann sich dann ins Herz hinein entspannen und uns helfen, unser Nervensystem zu beruhigen oder kreative Lösungen für bedrohliche Situationen zu finden.

Für viel Durcheinander sorgt auch die Vorstellung, dass es da draußen jemanden gibt, der »der Eine« ist – jener eine Mensch, der uns retten, innig lieben und ganz machen wird. Wir fordern unser grenzenloses, unendliches Herz auf: »Okay, es gibt nur eine einzige Person, die du wirklich lieben wirst und die dich wirklich lieben kann. Warte also, bis du diese Person findest, und dann wird alles gut.« Diese romantische Fantasie ist in unserer Kultur weit verbreitet, insbesondere bei Frauen, doch erliegen ihr durchaus auch Männer. Für manche von uns ist das Bedürfnis, eine romantische Fantasie auszuleben, so stark ausgeprägt, dass sie sich auf Beziehungen einlassen, die ihnen nicht guttun. Wir entscheiden uns vielleicht für eine Partnerschaft, obwohl wir wissen, dass sie uns nicht erfüllen wird, oder wir halten an Beziehungen fest, die eigentlich längst vorbei sind. Möglich ist auch das andere Extrem: Die Vorstellung von romantischer Liebe bewirkt, dass wir jede Art von Beziehung vermeiden, da wir »den Einen« nicht gefunden haben; wir verlieren die Hoffnung und geben auf (während wir im Geheimen weiter warten und hoffen …).

Wenn wir uns auf diese romantische Fantasie ausrichten, verschieben wir unser Leben, indem wir auf das Wahrwerden einer Illusion warten. Denn wenn wir »den Einen« finden sollten und noch nicht unsere Ängste und Begrenzungen geklärt haben, werden wir die Zeit dieser Beziehung damit verbringen (nachdem die anfängliche Glückseligkeit ein wenig nachgelassen hat), uns Sorgen darüber zu machen, wie wir unseren Partner halten sollen! Die Wahrheit des Kriegergöttinnen-Weges lautet, dass wir uns nur dann mit einem anderen tief verbinden können, wenn wir für uns selbst »die Eine« werden und unser Herz von dem Glauben befreien, es brauchte Akzeptanz, Liebe oder Unterstützung aus der äußeren Welt, um ganz zu sein.

Wenn wir unser Verständnis öffnen für die größere Wahrheit, dass nichts unser wahres Wesen verletzen kann und dass wir nichts und niemanden brauchen, um vollständig zu sein, werden wir das grenzenlose, unveränderliche Bewusstsein fühlen, das wir sind. Wir entscheiden uns für eine Partnerschaft nicht auf der Basis von Angst (»Ich müsste längst eine feste Beziehung haben, ich sollte heiraten, dann kann ich Kinder bekommen, zumindest ist das besser, als allein zu sein«), sondern eher auf der Basis einer bedingungslosen Selbstliebe; so werden wir intuitiv wissen, was für uns in dieser Phase unseres Lebens das Beste ist. Wir müssen unser Herz nicht verschließen, weil wir wissen, dass es nicht gebrochen werden kann.

Diese Reise, auf der wir unser Herz weiter öffnen, benötigt Zeit und Ausdauer, da wir uns jahrelang darin geübt haben, das Gegenteil zu tun. Wenn wir bemerken, dass wir unser Herz verschließen oder Angst verspüren, sollten wir zur Medizin des Mitgefühls und der Selbstliebe greifen. Was ich damit meine, schildere ich im folgenden Beispiel.

Eine Freundin fuhr mich zu einem Workshop, und ich fühlte mich schrecklich. Als sie mich fragte, was los sei, begann ich zu weinen und schilderte ihr, wie sehr ich mich vor einigen Veränderungen, die auf mich zukamen, fürchtete und wie mich das alles überforderte. Ihre Antwort lautete: »Okay, Kriegergöttin, du weißt, dass du immer auf deinen Füßen landest. Es ist Zeit, aufzustehen und auf Worte Taten folgen zu lassen.«

Früher hätte mein Richter die Worte meiner Freundin genutzt, um mir zu sagen: »Höre auf zu weinen und reiß dich zusammen! Was ist los mit dir?« Die Folge: verschlossenes Herz, gedämpfte Gefühle und der Versuch, mich selbst zu zwingen, die Veränderung anzugehen.

Oder ich hätte auf ihre Worte erwidert: »Niemand versteht, was ich durchmache. Es wird mir alles zu viel, und ich halte das nicht aus!« Die Folge: verschlossenes Herz und das Gefühl, ein hilfloses Opfer zu sein.

Ich entschied mich für den Weg der Kriegergöttin. Ich nahm einen tiefen Atemzug, schloss die Augen und öffnete mein Herz für mich. Dann erlaubte ich mir, meine Emotionen ganz zu fühlen, und beobachtete, was auftauchte. Ich fühlte die Überforderung. Ich fühlte die Frustration meines Richters und seine Befürchtung, die Kontrolle zu verlieren. Ich fühlte die furchtbare Angst des Opfers, es nicht richtig zu machen. Ich spürte in mich hinein und beruhigte den Teil von mir, der verängstigt war. »Hallo, ängstlicher Teil! Es passiert eine ganze Menge zurzeit, aber alles wird gut gehen. Ich bin bei dir. Alles wird gut.« Ich hörte auf, mich zu verurteilen, und entschied mich, einfach präsent für diesen Moment zu sein. Dieses Selbstmitgefühl entspannte mich, und ich konnte Ausschau halten nach etwas, was funktionierte und was ich als Nächstes tun konnte – in einer liebevollen Haltung mir selbst gegenüber. Als ich die Augen wieder öffnete, sagte ich zu meiner Freundin: »Alles klar, ich bin bereit!«

Eine Kriegergöttin zu sein bedeutet nicht, dass wir niemals emotionalen Aufruhr oder einen harten Tag erleben, und ebenso wenig, dass wir jeden Kummer vermeiden können. Eine Kriegergöttin zu sein bedeutet, sich in jeden Teil unseres Selbst zu verlieben: in unser Richterselbst, in unser Opferselbst und in unser weises Kriegergöttinnen-Selbst. Wir sind es wert, geliebt zu werden, und die Heilung des Herzens geschieht, wenn wir aufhören, im Außen nach Liebe zu suchen, und wenn wir uns für die gewaltige Liebe öffnen, die unser Herz uns anbietet.

Den inneren Richter und das innere Opfer lieben

Die innigste Beziehung, die wir jemals haben werden, ist die mit uns selbst. Doch wenn wir nicht jeden Teil unseres Selbst lieben, ist diese Beziehung nicht in Balance. Wenn der innere Richter oder das innere Opfer auftauchen, lädt uns der Weg der Kriegergöttin ein, auch diese Anteile von uns zu lieben. Mitgefühl ist der Schlüssel dazu.

Erinnere dich: Sowohl der Richter als auch das Opfer sind Abwehrmechanismen, die aus der besten Absicht heraus entstanden sind – für deine Sicherheit zu sorgen. Doch der Weg der Kriegergöttin zeigt uns, dass beide aus einer falschen Sichtweise agieren. Sie glauben, dass dein Herz verletzlich ist und zerbrechen kann.

Der Richter flüstert dir zu: »Wenn du nicht auf das hörst, was ich dir sage, kannst du verletzt werden. Du brauchst mich, um andere auf Abstand zu halten und Richtig und Falsch zu unterscheiden.«

Direkt neben deinem inneren Richter sitzt dein inneres Opfer. Und das sagt Dinge wie: »Das ist nicht fair! Das passiert immer mir!« Das Opfer ist der Teil von dir, der zusammengekauert vor Angst auf den nächsten Rückschlag wartet oder weinend darum betet, dass jemand kommen möge, um alles in Ordnung zu bringen.

Wenn du die Rollen, die jeder innere Anteil von dir in dem Drama spielt, genau betrachtest, wirst du feststellen: Je stärker der Richter ist, desto stärker ist auch das Opfer. Sie sind zwei Seiten derselben Münze und spielen miteinander ein Pingpong zwischen zwei Extremen.

Der Weg der Kriegergöttin ruft uns auf, achtsam zu sein, wenn die Stimmen des inneren Richters oder inneren Opfers sich melden, sie anzuerkennen für das, was sie sind, und sie dann mit Mitgefühl loszulassen.

ÜBUNG: Die Botschaften von Richter und Opfer wahrnehmen

Denk an die letzten vergangenen Monate und an heikle Situationen, die sich ergeben haben. Wähle drei Beispiele aus, wo dein Richter die Verantwortung übernommen hat, und drei weitere, wo dein Opfer dein Handeln bestimmte. Für viele von uns wiederholen sich diese Situationen im Lauf unseres Lebens (in Beziehungen, im Beruf, in der Familie, im Körper etc.). Mit anderen Worten: In ähnlichen Situationen handeln wir wieder und wieder auf dieselbe Art und Weise, entweder richten wir uns selbst oder machen uns selbst zum Opfer. Indem du diese Situationen in deinem Notizbuch schilderst, wirst du den Richter und das Opfer besser erkennen, wenn sie das nächste Mal auftauchen; du kannst sie bewusst anerkennen und dann loslassen. Du kannst ihre Stimmen als Teil deiner selbst schätzen, jedoch die Entscheidung treffen, den Botschaften, die sie dir vermitteln, nicht länger Glauben zu schenken.

Im Folgenden findest du eine Beispielliste (denk nicht nach, schreibe einfach drauflos, wenn du deine eigene Liste erstellst!):

Richter: 1. Mein Richter sagte mir, ich hätte alles falsch gemacht; als ich mich letzte Woche aus Frust mit einem Freund stritt, hätte ich liebevoller reagieren müssen. 2. Mein Richter kritisierte mich, als ich mein Lieblingsglas fallen ließ; er sagte, ich sei tollpatschig und würde es gar nicht verdienen, solche schönen Dinge zu besitzen. 3. Mein Richter war wütend auf mich, weil ich mich nicht entscheiden konnte; er verglich mich mit meinem Bruder: Warum bist du nicht so klar, fokussiert und ruhig wie Robert?

Opfer: 1. Mein Opfer fühlte sich am Boden zerstört, als ich eine Absage für den Job erhielt, und ich tat mir selbst leid wegen all der anderen Situationen, in denen ich abgelehnt worden bin, schon mein ganzes Leben lang. 2. Mein Opfer sah die Ursache all meiner Probleme in der Tatsache, dass meine Schwester mehr Unterstützung und Liebe von meinen Eltern erhalten hatte als ich, was auch der Grund dafür ist, dass ich immer wieder Beziehungen führe, die mir nicht guttun. 3. Mein Opfer erklärte mir, es sei in Ordnung, das zweite Stück Kuchen zu essen, weil ich es wegen all der Schwierigkeiten, die ich im Leben habe, verdienen würde.

Wenn wir exakt auflisten, was der Richter oder das Opfer sagen, können wir jede Situation noch einmal abspulen und sie aus der Perspektive unseres Herzens beobachten – statt durch die Geschichten, die uns unser Geist erzählt, erleben wir die Situationen über unsere Herzintelligenz. Wie würdest du jede der Richter-und-Opfer-Aussagen umschreiben? Wenn du magst, übe zunächst mit der oben genannten Richter-Opfer-Liste und erstelle dann deine eigene Liste, um sie aus der Warte deines Herzens umzuschreiben. Mit ein wenig Übung wird diese neue herzzentrierte Sichtweise auf die Welt deine Realität werden.

Wir haben gelernt, dass das Gegenteil von Verurteilung Einsicht ist. Wenn wir Einsicht üben, haben wir Zugang zu der klaren Weisheit, die entsteht, wenn Geist und Herz zusammenarbeiten. Dieser Zustand unterscheidet sich sehr deutlich von der Geschwindigkeit, mit der sich dein Herz verschließt, sobald sich der Richter in irgendeiner Form bemerkbar macht. An deiner Reaktion kannst du deutlich erkennen, ob du urteilst oder einsiehst: Dein Herz wird sich verhärten oder nicht. Die offenen Aussagen »Ich mag sein Verhalten nicht« oder »Das war nicht deine beste Leistung, meine Liebe – lass es uns noch einmal versuchen« klingen ganz anders als »Er ist ein fürchterliches Arschloch« oder »Du bist wirklich das Allerletzte. Du hast es schon wieder vergeigt. Ich wusste, dass das passieren wird – du kannst einfach nichts richtig machen.«

Wenn das Herz sich durch Einsicht mitteilt, entsteht Mitgefühl, das sich freundlich und sanft äußern kann, manchmal aber auch kraftvoll und direkt sofort auf den Punkt kommt. Mitgefühl bedeutet nicht Passivität, sondern eine dem Herzen entspringende kraftvolle, leidenschaftliche Umarmung des Lebens. Es braucht Übung, um die Ketten zu lösen, die sich um die Weisheit deines Herzens gelegt haben, und um von einer urteilenden, verschlossenen Haltung in eine achtsame, mitfühlende und offene Haltung überzugehen. Doch indem du dir bewusst wirst, wann dein Richter innerlich oder äußerlich aktiv wird, wirst du lernen, auf eine neue Weise zu handeln.

Eine starke Praxis für die Herzöffnung

Es gibt eine schöne alte buddhistische Meditation, genannt *Metta* oder *Liebende Güte*. Es handelt sich dabei um eine großartige Kriegergöttinnen-Herz-Praxis, die eine starke Wirkung auf unser Herz hat. Die Metta-Praxis zielt darauf ab, unsere gewohnten Verhaltensweisen umzukehren, sodass wir unser Herz öffnen können, statt es zu verschließen.

Die Metta-Meditation besteht aus vier Schritten. Wir beginnen damit, uns selbst liebende Güte zu senden. Dann senden wir liebende Güte an einen Familienangehörigen oder eine gute Freundin. Im nächsten Schritt senden wir liebende Güte an jemanden, dem gegenüber wir ein neutrales Gefühl haben. Zuletzt senden wir liebende Güte an eine Person, die wir nicht leiden können oder gegen die wir Groll hegen.

Jemandem liebende Güte zu senden ist in etwa so, als ob wir jemandem einen Segen oder positive Intentionen schicken oder als ob wir dafür beten, dass diese Person nur Liebe und Großzügigkeit erfahren möge. Natürlich fällt uns dies bei einer guten Freundin oder einem nahen Familienangehörigen sehr viel leichter als bei jemandem, den wir nicht mögen.

Es stellt sich vielleicht die Frage: Warum sollten wir den Wunsch haben, für jemanden liebevolle Gefühle zu hegen, mit dem wir uns nicht verstehen? Der uns vielleicht betrogen oder unrecht getan hat? Oder gar jemandem gegenüber, der grausam handelt? Weil jede Energie, die wir aussenden, zuerst durch unser eigenes physisches, emotionales, mentales und spirituelles Wesen strömt. Wenn wir Verurteilung aussenden, nähren wir uns selbst mit Verurteilung. Wenn wir Hass aussenden, baden wir jede einzelne unserer Zellen erst in Hass, bevor er an irgendeinen anderen Ort geht. Das einzige Resultat ist noch mehr tief verwurzelter Selbsthass und Selbstverurteilung. Wenn wir jedoch Liebe aussenden, erfahren wir selbst ebenfalls Liebe.

Ich selbst beispielsweise wählte einmal für die vierte Metta-Stufe einen Politiker, den ich zutiefst ablehnte. Ich stellte ein Foto von ihm in meinem Zimmer auf und praktizierte Metta, wann immer mein Blick auf dieses Foto fiel. Weil mein Wunsch, mein Herz zu öffnen, größer war als mein Wunsch, Vorwürfe und Ablehnung einem anderen Menschen gegenüber aufrechtzuerhalten, war ich schließlich in der Lage, dieser Person liebende Güte zu senden.

Wenn ich heute ein Foto des Politikers sehe, öffnet sich mein Herz. Seine Meinung teile ich noch immer nicht. Aber ich enthalte mir selbst nicht länger meine Liebe vor, indem ich sie ihm vorenthalte.

Vielen Frauen fällt es leichter, ihre Metta-Praxis mit einer anderen Reihenfolge der Schritte zu beginnen: Erst senden wir liebende Güte an einen Menschen, den wir lieben, dann an jemanden, dem gegenüber wir ein neutrales Gefühl hegen, und erst im dritten Schritt senden wir liebende Güte an uns selbst. Der Grund ist der Selbsthass, den viele Frauen – tief verborgen – in sich tragen. Wenn wir bei der Metta-Praxis mit jemandem beginnen, der unser Herz öffnet, und sie dann mit einer Person weiterführen, der wir neutral gegenüberstehen, legen wir die Basis dafür, dass wir dieselbe liebende Güte uns selbst geben können. Sanft entfernen wir dann, Schicht um Schicht, auch jede Selbstablehnung und jeden Selbsthass.

ÜBUNG: Die Metta-Herz-Praxis

Beginne die Metta-Praxis damit, dass du liebende Güte an eine gute Freundin oder einen engen Freund, an jemanden aus deiner Familie oder an ein Haustier sendest – dem oder der gegenüber du echte Liebe und Dankbarkeit empfindest. Spüre, wie die Energie sich aufbaut, wie sie dich verlässt und wieder zu dir zurückkehrt. Verankere dieses Gefühl in deinem Körper.

Ich sende liebende Güte an ....
Möge er/sie nur Liebe und Glück in seinem/ihrem Leben erfahren.

Als Nächstes sende liebende Güte an jemanden, dem gegenüber du dich neutral fühlst, oder an einen Bekannten. Übe dich darin, dasselbe Ausmaß an liebender Güte zu entwickeln, das du in der ersten Meditationsstufe empfunden hast.

Ich sende liebende Güte an ....
Möge er/sie nur Liebe und Glück in seinem/ihrem Leben erfahren.

Nun entwickle denselben Wunsch für dich selbst. Nimm dir genügend Zeit dafür, male dir all die guten Dinge aus, die du dir für dein Leben wünschst, und stell dir vor, wie sie wahr werden.

Ich sende liebende Güte an mich selbst. Möge ich nur Liebe und Glück in meinem Leben erfahren.

Schließlich sende liebende Güte an jemanden, den du nicht magst. Beginne mit einer Person, der gegenüber du nur eine leichte Aversion hast.

Ich sende liebende Güte an ....
Möge er/sie nur Liebe und Glück in seinem/ihrem Leben erfahren.

Erst wenn du in der Lage bist, durchweg nur liebende Güte für diese Person zu empfinden, solltest du mit jemandem weitermachen, den du stärker ablehnst. Irgendwann wirst du liebende Güte auch an Menschen senden können, die du hasst oder auf das Schärfste verurteilst. Du musst dich vielleicht durch Widerstände, Ängste und Abneigung hindurchkämpfen; vergiss das Atmen nicht!

Die Praxis der liebenden Güte bestätigt die Vorstellung, dass es nicht Hass und Verurteilung sind, die positive Veränderungen in der Welt bewirken – sondern Achtsamkeit und die Fähigkeit zu lieben. Wenn du dich entscheidest, Mitgefühl für jemanden zu entwickeln, heißt das nicht, dass du mit dessen Handeln einverstanden sein musst.

Es bedeutet einfach, dein authentisches Herz respektiert sein authentisches Herz.

Ein weiterer Vorteil der Metta-Praxis besteht darin, dass du beginnen wirst, die Bereiche zu entwirren, in denen du dich von anderen verurteilt oder schikaniert fühlst oder in denen du selbst verurteilt hast. Wenn du Metta übst und die einfache liebevolle Präsenz deines Herzens stärkst, löst sich Isolation auf, und mitfühlendes Gewahrsein tritt an die Stelle von Verurteilung und Abwertung.

An dieser Stelle ein wichtiger Hinweis an alle Pleaser: Aus dem Herzen leben bedeutet nicht, dass du dich um jeden in deinem Umfeld kümmern musst. Zu viel Fürsorge kann eine respektlose Gewohnheit sein, die auf mangelnder Bereitschaft basiert, mit Unbehagen umzugehen, oder auf der arroganten Haltung, dass wir wissen würden, was für andere am besten ist. Die Meditation der liebenden Güte ist eine heilende Kriegergöttinnen-Praxis, um jede Person zu ehren für das, was sie ist, statt zu versuchen, sie in Ordnung zu bringen.

Praktiziere diese Meditation immer wieder; beginne mit jemandem, den du liebst, mache weiter mit jemandem, dem du neutral gegenüberstehst, richte deine Aufmerksamkeit dann auf dich selbst und schließlich auf jemanden, den du nicht magst. Wenn du das Gefühl hast, nicht weiterzukommen, gehe einen Schritt zurück und verankere das Gefühl der liebenden Güte erneut in deinem Herzen. Du strukturierst dich von innen nach außen neu, doch dafür musst du Metta oder eine ähnliche Methode wirklich praktizieren und nicht nur über das Prinzip nachdenken.

Indem du dein Herz öffnest, brichst du mit alten Gewohnheiten, die aus Angst und falschen Vorstellungen entstanden sind, und transformierst sie in Selbstrespekt und liebende Güte. Gehe weiter auf diesem

Weg und sende dir selbst immer wieder liebende Güte; dann wird dein Herz mit jedem Atemzug Mitgefühl, Selbstakzeptanz und Liebe durch jedes Molekül deines Seins pumpen.

Ressourcen

Geschenke

- Der Prozess, dein Herz zu öffnen, beginnt mit Mitgefühl und Selbstrespekt.
- Dein Herz ist kein zerbrechlicher kleiner Vogel, sondern ein belastbarer, starker Habicht, der lernt zu fliegen.
- Bedingungslose Liebe bedeutet nicht, dass du immer glücklich oder perfekt bist. Es bedeutet, dass du liebevoll deine Fehler, Makel und Ängste akzeptierst.
- Indem du lernst, jedem Menschen liebevolle Güte zu senden, unabhängig davon, was sie tun, befreist und erhebst du dein Bewusstsein.

Erkundungen

Mithilfe des Körpers das Herz öffnen

Nimm dir etwas Zeit, um deine Brust zu massieren und sie als Ausdehnung deines Herzens zu fühlen. Fühle die Muskeln um deinen Brustkorb herum und bringe heilende Berührung zu jedem Schutzpanzer. Massiere deine Arme und Hände und stell dir vor, dass sich deine Handflächen öffnen, sodass mehr Energie in alles fließen kann, was du berührst. Massiere liebevoll alle alten Vereinbarungen aus deinem Körper, die dein Herz-Chakra verschlossen halten. Manchmal kann Berührung uns helfen, die verborgenen Vereinbarungen aufzulösen. Möglicherweise hast du das Bedürfnis, laut auszusprechen, was du loslässt. Nutze zum Abschluss sanfte Berührung dazu, Heilung und Lebenskraft in deinen Körper einzumassieren.

Nun stell dich bewusst und aufrecht hin, die Brust frei und das Herz offen, wenn du mit der Welt interagierst. Nimm wahr, wenn du eine einengende oder krumme Haltung einnimmst. Und nimm auch den energetischen Unterschied wahr, wenn du deinen Brustkorb verschließt oder wenn du ihn bewusst öffnest.

Was nährt dein Herz?

Wenn du eine Entscheidung triffst, frage dich selbst: Nährt das mein Herz? Was muss ich verändern, damit sich mein Herz genährt fühlt? Lass deine Geschichten über das, was du dir wünschst, los und horche auf dein Herz, nicht auf deinen Geist! Gehe in die Stille und lausche auf eine neue Weise. Du magst immer noch hin und wieder Angst und Negativität wahrnehmen, doch die Stimme deines Herzens wird liebevoll klingen.

Lektion acht

Sprich deine Wahrheit

Möchtest du wirklich auf dein Leben zurückblicken
und erkennen, wie wundervoll es hätte sein können,
wenn du keine Angst gehabt hättest, es zu leben?

CAROLYNE MYSS

Linda ist eine versierte Psychiaterin, Sportlerin, Mutter und großartige Kriegergöttin. Ich kenne sie seit vielen Jahren und war bereits sechs Monate lang ihr Coach, als ich etwas entdeckte, was kaum jemand von ihr wusste: In vielen ihrer persönlichen Beziehungen fürchtete sie sich, ihre Wahrheit auszusprechen oder ihre Stimme überhaupt dafür zu nutzen, Emotionen auszudrücken. Obwohl Linda täglich viele Stunden lang ihre Stimme einsetzte, um ihren Klienten Einsichten und Informationen mitzugeben, konnte sie sich nicht dazu durchringen, Menschen davon zu berichten, wie sie sich wirklich in Situationen, die sie erschütterten, fühlte. Stattdessen zog sie es vor, zu schweigen und so niemanden zu beunruhigen. Deshalb schlug ich ihr eine Übung vor, mit deren Hilfe sie dieses Muster aufbrechen konnte. Ich bat sie, laute Musik aufzulegen, im Haus herumzutanzen und ihre Stimme in jeder Weise zum Ausdruck zu bringen, die ihr gefiel. Auf diesen Vorschlag hin erstarrte sie und erklärte leise: »Das kann ich nicht tun!«

»Was *kannst* du tun?«, fragte ich sie. Linda begann, indem sie ein Wort aus einem Song mitsang, wenn sie im Auto saß. Sie sagte, sogar diese schlichte kleine Übung bringe ihren ganzen Körper ins Zittern. Schritt für Schritt übte sie so lange, ihr großes Unbehagen zu überwinden, bis sie einen ganzen Song mitsingen konnte. Ich ermutigte sie daraufhin, laut mit sich selbst zu sprechen, wenn sie zu Hause war. Irgendwann war sie schließlich in der Lage, Emotionen in Worten auszudrücken. Sie erzählte mir, dass dies eines der schwierigsten Dinge gewesen sei, die sie je getan habe, und dass sie es eine Menge Mut gekostet habe, die alten Muster, die sie als Kind gelernt habe (»Kinder haben still zu sein«), nach und nach zu durchbrechen.

Es ist erstaunlich, wie viele erfolgreiche und ansonsten offene Frauen sich schwertun, ihre Wahrheit in Situationen auszusprechen, die von großer Bedeutung für sie sind. Wir nutzen unsere Stimmen den ganzen Tag lang, doch viele von uns haben nie gelernt, wie sie Worte einsetzen können, um sich wirklich auszutauschen oder unter schwierigen Bedingungen für sich einzustehen.

Die meisten Menschen haben in ihrer Kindheit nicht die Möglichkeit gehabt, gute kommunikative Fähigkeiten zu entwickeln; Klatschen, Verurteilen und Rechtfertigen sind allzu verbreitet. Und von Mädchen wird häufig erwartet, lieb und brav zu sein, vor allem wenn sie jünger sind, und manchmal auch noch als junge Erwachsene.

Sage diese Sätze in Gedanken zu dir selbst: »Sprich nur, wenn du aufgefordert wirst.« »Du darfst gesehen werden, aber nicht gehört.« »Sage nichts, was andere verärgern könnte.« Nimm wahr, wie du dich fühlst, wenn du diese Worte in deinem Kopf hörst. Viele Frauen wurden in ihrer Kindheit gelehrt, ihre wahre, authentische Stimme zurückzuhalten. Wenn sie dann erwachsen sind, haben sie keine Ahnung, wie sie über Dinge wirklich denken oder fühlen, und erst recht nicht, wie sie das anderen mitteilen sollen!

Für authentische Kommunikation gibt es keine Klauseln wie: »Ich muss nett sein, damit ich nicht die Gefühle anderer verletze.« Betrachte diese Art von selbstüberwachender Kommunikation genauer. Warum musst du nett sein, damit du nicht die Gefühle anderer verletzt? Wenn du aufrichtig mit dir selbst bist, wirst du möglicherweise herausfinden, dass du dich so verhalten sollst, weil du dich unbehaglich fühlen würdest, wenn du mit dem Schmerz, der Enttäuschung oder dem Ärger von jemandem konfrontiert wirst. Du bist nicht deshalb nett, weil das Nettsein im Einklang mit deiner tiefsten Wahrheit steht, sondern weil du damit manche Reaktionen anderer Menschen vermeiden kannst.

Je authentischer du darin wirst, dich so auszudrücken, wie es dir wirklich entspricht, desto mehr Liebe, Präsenz und Freundlichkeit werden spontan in dir entstehen. Du wirst dich nicht mehr darum bemühen müssen, freundlich zu anderen zu sein; du wirst einfach freundlich sein, weil es deine Natur ist. Hier geht es nicht darum, wie deine Persönlichkeit strukturiert ist. Es geht um die Bereitschaft, aufrichtig zu sein – und das ist pure Freundlichkeit dir selbst gegenüber, die dann quasi von dir zu anderen »überschwappt«.

Erkunde weiter, was du ganz besonders mitteilen möchtest und warum. Wenn du die alten Regeln über das von dir erwartete Verhalten loslässt – Regeln, die häufig die Wörter *sollte* und *muss* enthalten –, schaffst du dir genügend Raum, um dich nicht mehr bemühen zu müssen, die beste Version deiner selbst zu sein; du *wirst* einfach die beste Version deiner selbst sein.

Wenn du beginnst, deine Wahrheit zu sprechen, kann es sich unangenehm, falsch und beängstigend anfühlen. Es fühlt sich nicht so an, als ob du Energie gewinnst, sondern sie sogar verlierst! Das ist der anfängliche Widerstand deines Glaubenssystems. Erwarte nicht, dich großartig zu fühlen, wenn du das erste Mal deine Stimme erhebst. Nimm dir Zeit, um die Emotionen und Glaubenssätze, die auftauchen, zu prüfen und zu klären. Nimm wahr, ohne zu urteilen: War ich in der Lage, mein Herz zu öffnen? Wie fühle ich mich jetzt? Habe ich genau das gesagt, was ich sagen wollte?

Wenn wir unsere Wahrheit nicht aussprechen, sei es, weil wir sie für uns behalten oder andere beschwichtigen wollen, führt das häufig dazu, dass wir Groll gegen andere und uns selbst entwickeln. Wir werden wütend auf uns selbst, weil wir nicht das sagen, was wir denken, oder auf andere, weil sie nicht verstehen, wie wir uns wirklich fühlen (und vergessen dabei, dass wir ihnen nie gesagt haben, wie wir uns fühlen!). Das sorgt im näheren Umfeld für Misstrauen, Klatsch, Angst und etwas, was im Allgemeinen als »Drama« bezeichnet wird. Wenn sich dieser Groll gegen andere aufgestaut hat, explodieren wir manchmal in einer Flut von Emotionen und Vorwürfen. Sollte dies geschehen, sprechen wir nicht aus einem Zustand der Liebe, sondern eher aus unseren Verletzungen heraus und sind uns unseres eigenen Anteils an der Situation nicht bewusst, der eben darin besteht, dass wir nicht mitgeteilt haben, wie wir uns gefühlt haben. Enge Beziehungen werden dann hohl und unbefriedigend, und unser Vertrauen in uns selbst verringert sich jedes Mal ein wenig mehr, wenn wir nicht aussprechen, was wir wirklich meinen.

Um aus unserer Integrität heraus zu sprechen, müssen wir die alten Glaubenssätze über Kommunikation, die wir in unserer Kindheit gelernt oder aus unserer Umgebung übernommen haben, identifizieren und auflösen. Ich habe einige der meistverbreiteten gesellschaftlichen Glaubenssätze unten aufgelistet. Nimm dir etwas Zeit, um zu überlegen, ob sie auf dich zutreffen oder nicht.

In meiner Kindheit und Jugend habe ich gelernt oder geglaubt:	Wahr	Falsch
Kinder und/oder Mädchen dürfen gesehen, aber nicht gehört werden.		
Erzähle anderen eine Lüge, wenn du denkst, dass die Wahrheit sie verletzen würde.		
Frauen, die offen ihre Meinung sagen, sind rechthaberisch.		
Frauen sollten unterstützen, was immer ihr Partner gut findet.		
Frauen sollten die Bedürfnisse anderer über ihre eigenen stellen.		
Frauen sollten zurückhaltend und leise sein.		
Mädchen sollten keine lauten Dinge mögen.		
Es ist besser, gar nichts zu sagen, als andere zu verärgern.		

Vielleicht ist es nötig, dass du in sehr kleinen Mini-Schritten beginnst, deine Wahrheit auszusprechen. Du könntest anfangen, Leute mit offenem Herzen nach der Zeit zu fragen. Oder wähle einen bestimmten Tag aus, an dem du auf jede Bitte, die an dich herangetragen wird, mit Nein antwortest (vielleicht nicht gerade bei der Arbeit – es sei denn, dieser Ort eignet sich für dich am besten zum Üben!). Sage dir selbst die Wahrheit: Bist du verängstigt? Aufgeregt? Nervös? Magst du diese Person? Möchtest du mexikanisch oder italienisch essen gehen? Vielleicht musst du ein wenig in deiner Erinnerung graben, um zu entdecken, in welchen Bereichen du geschwiegen hast und andere für dich die Entscheidungen hast treffen lassen. Finde heraus, wo du Angst hast, Grenzen zu setzen, und experimentiere damit. Sei mutig und übe, übe, übe, dich nicht zu verschließen.

Vergiss aber nicht, freundlich mit dir selbst umzugehen. Lernen, die eigene Wahrheit zu sprechen, ist ein lebenslanger Job. Ich selbst arbeite immer noch daran, in meiner Kommunikation authentisch zu bleiben. Meine zwei Kernstrategien sind Gefallen-Wollen und Kontrolle, deshalb frage ich mich bewusst: Habe ich gesagt, was ich sagen wollte? Habe ich etwas gesagt, um ein besonderes Ergebnis zu erzielen?

Ich glaube nicht, dass wir die Kunst der effektiven Kommunikation jemals »meistern« werden. Aber wir können unsere Fähigkeit verbessern, achtsam mit uns selbst umzugehen und neue Entscheidungen zu treffen.

Der schnellste Weg, um Unbehagen und Groll in unserem Leben zu erzeugen, ist es, Ja zu sagen, wenn wir Nein meinen. Wenn uns jemand bittet, etwas zu tun, und wir sagen Ja, weil wir uns dazu verpflichtet fühlen oder weil wir die Gefühle der anderen Person nicht verletzen wollen, sprechen wir nicht unsere Wahrheit. Unser wahres, authentisches Kriegergöttinnen-Selbst zu leben bedeutet, dass wir aus einem Gefühl der Liebe heraus Nein sagen können und nicht Ja aus einem Gefühl der Angst.

Ein wichtiger Hinweis an dieser Stelle: Die eigene Wahrheit zu sprechen heißt nicht, immer alles zu sagen, was man denkt. Wie bei den vorhergehenden Schritten auf dem Kriegergöttinnen-Weg ist Einsicht von Bedeutung. Wir müssen vorsichtig sein, dass wir diese Praxis nicht als Entschuldigung verwenden, um gemein oder verletzend zu sein. Kurz gesagt: Der Kern der Praxis besteht in der Bereitschaft, uns tiefer mit unserer Wahrheit und unserer inneren Führung zu befassen, und das Bestreben, diese Wahrheit selbst dann auszusprechen, wenn unser Gesprächspartner sich unbehaglich fühlen sollte mit dem, was wir zu sagen haben.

Um diese Balance zu schaffen und aufrechtzuerhalten, müssen wir alle alten Vereinbarungen, die wir in Bezug auf verbale Kommunikation geschlossen haben, identifizieren und auflösen. Erinnere dich: Dein Ziel ist es, eine flexible Kommunikation mit offenem Herzen und einen lebendigen Ausdruck zu entwickeln, indem du dich von deinem inneren Wissen leiten lässt. Die Autorin und Coach Martha Beck sagt: »Gleich, wie schwierig und schmerzhaft sie erscheinen mag, nichts klingt für die Seele so gut wie die Wahrheit.«

Die Macht der Botschaften

Eines meiner Lieblingsbücher über Kommunikation ist *Botschaften. Optimale Kommunikation in allen Lebenslagen* von Matthew Kay, Martha Davis und Patrick Fanning. Es bietet eine großartige Einführung in die Klärung von »unsauberen« oder »unvollständigen« Botschaften.

Von einer unsauberen Botschaft kann man sprechen, wenn unsere Energie nicht unseren Worten entspricht. »Ich sehe, dass du wieder zu spät bist« kann auf saubere Weise gesagt werden, dann ist es einfach eine Beobachtung. Oder dieselben Worte können Sarkasmus, Bitterkeit, Vorwürfe und Frustration transportieren. »Ich sehe, dass du wieder zu spät bist«, ausgesprochen mit angespanntem Körper und in einem ärgerlichen Ton, ist eine unsaubere Botschaft, weil frustrierte und verletzte Energie in eine simple Aussage gelegt werden. Wenn wir lernen, klar mit unseren Worten umzugehen, ist es entscheidend, dass wir uns der Energie klar werden, die wir in die Worte legen. Bei der Praxis, die eigene Wahrheit zu sprechen, geht es nicht nur um die Worte, die wir verwenden, sondern auch um die Verantwortung, dass unsere Rede frei ist von unsauberen Botschaften und Worten, die mit negativen Gefühlen aufgeladen sind.

Eine unvollständige Botschaft übermittelt nicht den vollen Umfang einer echten Kommunikation. McKay ermuntert uns, vollständige Botschaften auszusenden, wenn wir uns in einem vertraulichen Gespräch befinden. Vollständige Botschaften beinhalten unsere Beobachtung der Situation (die Fakten), unsere Gedanken (die der Wahrheit entsprechen mögen oder nicht), unsere Gefühle (unsere emotionale Erfahrung) und unsere Bedürfnisse (was brauchen wir?). Diese vier Aspekte der Kommunikation zu berücksichtigen ist eine großartige Methode, um zu erkennen, wo wir unsere Stimme zurückhalten oder sie verfälschen.

Ein Fakt ist die beobachtbare, messbare, »waschechte« Wahrheit darüber, was passiert ist. Als ich begann, zu Anfang eines Gesprächs die Fakten zu benennen, fand ich das überraschend herausfordernd! Wir haben die Neigung, Aussagen mit den Begriffen »immer« oder »niemals« zu treffen, wenn wir uns ärgern. Die Fakten einer Situation zu benennen ist eine Einladung an uns, langsamer zu werden, Abstand zu gewinnen und zu sehen, was wirklich passiert. Vergleiche beispielsweise »Du bist immer zu spät!« mit »Die letzten zwei Male, die wir uns getroffen haben, warst du eine halbe Stunde zu spät und hast mich nicht angerufen«. Eine Beobachtung ist genau das: neutral, ohne Geschichte oder Emotion. Es mag eine Weile dauern, die Fakten ausfindig zu machen, vor allem, wenn wir wirklich wütend über das Verhalten eines anderen sind.

Unsere Gedanken sind die Worte, die uns über die Situation im Kopf herumschwirren. Unsere Gedanken entsprechen nicht unbedingt der Wahrheit; sie sind einfach das, was wir im Moment denken. Unsere Gedanken sind auch nicht unsere Emotionen, deshalb wollen wir Gedanken und Emotionen separat betrachten. »Ich frage mich, ob du Angst hast, und ich fühle mich durch dein Handeln verletzt und zurückgewiesen« ist viel klarer als »Du wolltest mich verletzen, und deine verkorkste Kindheit ruiniert mein Leben«. Wir werden achtsamer für unsere Gedanken, wenn wir klare Kommunikation üben.

Und wir werden auch ehrlicher und vertrauter mit unseren emotionalen Reaktionen umgehen. Der dritte Teil der klaren Kommunikation betrifft das Ausdrücken von Gefühlen. Da wir häufig unsere Geschichten erzählen, statt unsere verletzlichen Gefühle mitzuteilen, kann sich das manchmal beängstigend anfühlen. Frage dich immer wieder: »Welches Gefühl löst diese Situation in mir aus?« Vermeide es, anderen zu sagen, sie würden uns dazu bringen, uns in einer bestimmten Weise zu fühlen. Sie bringen dich nicht dazu, etwas zu fühlen – niemand kann das, weil niemand außer dir in deinem Inneren die emotionale Reaktion erschaffen kann. Ändere »Du bringst mich dazu, … zu fühlen« zu »Ich fühle …«.

Sei achtsam dafür, wie leicht es ist, anderen deinen Gefühlszustand vorzuwerfen: »Ich habe gefühlt, dass du dich von mir abgewendet hast« ist tatsächlich nicht korrekt, denn damit gibst du der anderen Person Macht über deine Gefühle, die aber nur du selbst hast. Entferne den anderen aus deinen Aussagen, sodass es nur um dich geht: Sage »Ich fühlte …« statt »Ich fühlte, dass du … getan hast«. »Ich fühlte mich betrogen und schockiert« gibt dir deine Macht zurück und teilt der anderen Person mit, was mit dir innerlich geschehen ist.

Der vierte Teil der klaren Kommunikation, bei dem es darum geht, unsere Bedürfnisse mitzuteilen, kann uns manchmal tatsächlich die Sprache verschlagen! Als ich lernte, klarer zu kommunizieren, war ich überrascht herauszufinden, dass ich zwar die Fakten, meine Gedanken und meine Gefühle benennen konnte, doch keine Ahnung hatte, was ich wollte. Es ist jedoch unglaublich stärkend, ein Bedürfnis zu benennen. »Ich wünsche mir, dass du deine Kleidungsstücke vom Boden nimmst und sie in den Wäschekorb legst.« »Bitte ruf mich an, wenn du mehr als zehn Minuten zu spät kommst.« »Ich brauche mehr Struktur: Können wir einen Termin ausmachen, um einen Entwurf für das Projekt zu erstellen?«

Ein wichtiger Hinweis: Nur weil du ein Bedürfnis mitteilst, heißt das nicht, dass die Person, mit der du sprichst, es auch erfüllen kann – und erst recht nicht, dass sie es erfüllen muss! Wichtig ist vor allem, dass du dir selbst darüber im Klaren bist, welches Bedürfnis du hast, und dann überlegst, wie du es auf kreative Weise allein oder zusammen mit anderen erfüllen kannst. Werde dir bewusst, was du willst, und finde heraus, ob du darüber sprechen und bewusste Vereinbarungen treffen kannst.

Ich habe festgestellt, dass Humor, Klarheit und offene Ohren enorm hilfreich für alle Gespräche sind.

Eine neue Art, Konflikte zu lösen

Ich möchte anhand eines Beispiels illustrieren, was es bedeutet, die eigene Wahrheit zu sprechen. Wendy, die ich eine Zeit lang als Coach begleitete, war seit vielen Jahren in einer Beziehung mit ihrer Freundin Sue. Insgesamt führten sie eine harmonische Beziehung, doch Wendy bemerkte, dass sie in bestimmten Stresssituationen Angst hatte, ihre Wahrheit zu sprechen, und stattdessen schwieg. Dies geschah, wenn Sue ihre Stimme erhob.

Als sie den Weg der Kriegergöttin begann, nahm Wendy folgende Änderungen vor. Zum einen wartete sie, über die Situation zu sprechen, bis sie beide in einer guten Atmosphäre zusammen waren. Wenn beide Personen frustriert und ärgerlich sind, nützt Reden nicht viel, denn es ist niemand da, der zuhört. Also bestand Wendys erster Schritt darin, zu warten, bis sich die Emotionen aufgelöst hatten. Am nächsten Tag setzte sie sich mit Sue zusammen und sagte: »Sue, gestern Abend, als wir über unsere Finanzen gesprochen haben, wurde deine Stimme lauter, und es macht mir Angst, wenn du laut wirst. Wenn du das tust, kann ich nicht mehr vernünftig sprechen und ziehe mich zurück, weil ich befürchte, dass du mich verletzt. Ich weiß, dass du mich niemals verletzen wirst, doch mein Körper reagiert immer noch auf diese Weise. Ich möchte dich bitten, dass wir, wenn du wütend auf mich bist, uns eine Pause nehmen, um uns zu beruhigen, und dann miteinander reden. Auf diese Weise werde ich achtsamer mit dir sprechen können und wirklich hören, was du sagst.«

Im nächsten Schritt hörte sie wirklich zu, als Sue ihr antwortete. Darauf lauschen, was jenseits der Worte gesagt wird, und klärende Fragen stellen schafft mehr Vertrautheit. Zuhören ist der kraftvolle Zwilling des Sprechens. In diesem Fall erkannte Sue, dass das Heben ihrer Stimme ihr eigener Abwehrmechanismus war, der auf alten Vereinbarungen basierte, und dass er ungewollte Wirkungen bei Wendy triggerte. Infolgedessen versprach sie, daran zu arbeiten, ruhig zu bleiben. Diese bewusste und offene Kommunikation hatte eine sehr positive Wirkung auf ihre Beziehung.

Stellen wir uns nun vor, wir sind in einer ähnlichen Situation, und unser Partner sagt: »Okay, ich werde nicht mehr laut werden«, doch wenn er wütend wird, fängt er wieder an zu schreien. Wenn das passiert, sind wir schnell versucht, uns betrogen zu fühlen und entweder zu schmollen oder zurückzuschreien. Der Weg der Kriegergöttin lädt uns jedoch ein, dieser Versuchung nicht zu erliegen und in unsere eigene unbewusste Reaktion zu verfallen, sondern einfach uns selbst gegenüber zu bemerken: »Okay, er wird immer noch laut.«

Wir können entscheiden, was wir als Nächstes tun. Es besteht die Möglichkeit, sich bewusst zurückzuziehen und sich in Erinnerung zu rufen, dass der andere ebenfalls versucht, ein altes Verhaltensmuster aufzulösen. Dann können wir zu dem Gespräch zurückkehren, wenn die Dinge sich beruhigt haben.

Eine andere Option besteht darin, dass wir unserem Partner mehr Zeit geben, sein Verhalten zu ändern, und selbst eine andere Verhaltensweise ausprobieren, indem wir Achtsamkeit und Humor in das Gespräch bringen. Wir könnten ihn kitzeln und sagen: »Hey, erinnere dich, kein Schreien! Lass uns zusammen um das Haus laufen und dann reden!« Wir können gemeinsam ein kreatives Spiel erfinden und Spaßvereinbarungen treffen: Wenn das Gespräch hitzig wird, müssen wir beide drei Minuten lang seilspringen, bevor wir weitersprechen. Oder die Person, die wütend ist, muss einen komischen Hut tragen. Manchmal ist Albernheit das perfekte Hilfsmittel, um wieder zurück in eine achtsame Kommunikation zu finden. Das Muster zu durchbrechen, indem wir etwas anderes tun, kann Wunder wirken.

An diesem Beispiel möchte ich deutlich machen, dass es eine Verschwendung wertvoller Energie darstellt, wenn wir jemanden verurteilen, weil er seine Vereinbarung nicht einhält. Wenn jemand eine Vereinbarung bricht, helfen Vorwürfe und Verurteilungen nicht. Wohingegen es entscheidend ist, sich darüber klar zu werden, was wir brauchen und wie wir dieses Bedürfnis erfüllen.

»Das nächste Mal, wenn du schreist, werde ich aus dem Zimmer gehen und warten, bis du dich beruhigt hast. Ich brauche einfach Raum, um mich zu erden, und das kann ich nicht tun, wenn ich mich angegriffen fühle.« Kannst du eine solche Aussage mit der Klarheit einer Kriegerin und dem offenen Herzen einer Göttin machen? Wenn dein Herz verschlossen ist, verurteilst du die Person oder dich selbst. Versuche, aus einem Zustand der Offenheit heraus zu sprechen. Dann geschieht Veränderung. Zuerst mag es erscheinen, als ob es das Problem verschlimmert. Doch wenn du klar deine Grenzen setzt und den Prozess weiterverfolgst, wird ein Wandel stattfinden.

Die Verbindung von Herz und Hals

Wenn wir lernen, unsere Wahrheit zu sprechen, ist es entscheidend, dass wir aus dem Herzen sprechen. Wenn wir nicht wirklich das meinen, was wir sagen, ist es egal, wie gut wir es sagen; die Menschen, mit denen wir sprechen, werden den Mangel an Aufrichtigkeit hinter unseren Worten bemerken. Es gibt sehr viel mehr Kraft, mit offenem Herzen die eigene Wahrheit zu sprechen, selbst wenn diese Wahrheit schwierig ist, als freundlich und angemessen mit einem verschlossenen Herzen zu sprechen.

Wir verschließen unser Herz und unseren Hals, wenn wir glauben, dass wir etwas falsch machen. Deshalb ist es ein weiteres Mal von entscheidender Bedeutung, dass du deine unbewussten Glaubenssätze intensiv prüfst. Ist es in Ordnung für dich, Nein zu sagen? Grenzen zu setzen? Dinge auszusprechen, die andere vielleicht nicht hören wollen? Kannst du sprechen, ohne die Verantwortung für die Reaktionen anderer auf dich zu nehmen? Und kannst du all diese Dinge mit einem weit offenen Herzen tun?

Es braucht Übung. Wir werden oft nicht darin unterstützt, unsere Wahrheit zu sprechen, doch es ist eine Fähigkeit, die wir in angenehmer Weise ausüben können.

Wenn du es nicht schaffst, deine Wahrheit zu sprechen, wird sich deine innere Energie entweder so sehr aufstauen, dass sie sich in einem emotionalen Ausbruch entlädt, oder dein energetischer Fluss wird unterbrochen, und du wirst dich fühlen, als ob dein Zugang zu purer Lebenskraft versperrt ist; dann empfindest du dich als lethargisch und leidenschaftslos, sagst vorsichtig das, von dem du glaubst, dass andere es hören wollen, und bist abhängig von anderen Menschen, damit sie dir Energie und Richtung geben. Leugnest du deine eigene Stimme, nährt das die Stimmen deines Richters und deines Opfers, statt deine Authentizität zu fördern, und das Ergebnis ist Wut auf dich selbst oder andere.

Deine authentische Stimme finden

Zwei sehr hilfreiche Werkzeuge, um unsere authentische Stimme zu finden, sind das Backtracking und das Replaying.

Backtracking

Backtracking bedeutet: Du vereinbarst mit dir selbst, deine Wahrheit zu sprechen; solltest du das in einer bestimmten Situation nicht getan haben, gehst du zurück zu der betreffenden Person, gibst zu, dass du nicht deine Wahrheit gesprochen hast, und versuchst es noch einmal.

Hier ein Beispiel. Ein Freund fragt dich: »Hast du Lust, morgen Abend mit mir ins Kino zu gehen?« Und du sagst automatisch Ja. Aber nach dem Telefonat merkst du, dass du lieber zu Hause bleiben und ein Buch lesen möchtest. Anstatt also ins Kino zu gehen, rufst du deinen Freund zurück und sagst: »Mir ist nach dem Telefonat klar geworden, dass ich morgen nicht ins Kino gehen möchte, ich brauche ein wenig Ruhe. Können wir den Film nächste Woche zusammen ansehen?« Du brauchst dich weder zu erklären noch dich übermäßig zu entschuldigen; sage einfach, was du brauchst. Pass auf, dass du nicht anfängst, dich zu rechtfertigen.

Wenn wir einige Male ein solches Backtracking praktiziert haben, lernen wir rasch, spontan aufrichtig zu sprechen – das macht die Methode so unglaublich wirksam.

Replaying

Mit der Methode des Replaying wiederholst du bewusst vergangene Gespräche, in denen du nicht deine Wahrheit gesprochen hast, doch dieses Mal stellst du dir vor, dass du genau das tust. Wie hätte es sich angehört, wenn du in dieser oder jener Situation deine Wahrheit gesprochen hättest? Spule sie neu ab, und setze dabei deine authentische Stimme ein. Was hättest du anders gesagt, und wie hätte dies möglicherweise das Ergebnis verändert?

Ich hatte einmal eine Beziehung mit einem Mann, der sich von der Art meiner Kleidung und meines Auftretens bedroht fühlte. Wir hatten lange, tränenreiche Diskussionen darüber, ob ich mich weniger sexy in der Öffentlichkeit zeigen sollte. Er wünschte sich eine stabile, monogame Partnerschaft. Zu jener Zeit begann ich gerade damit, meine Sexualität zu erkunden, und wenn ich ehrlich zu mir selbst und zu ihm gewesen wäre, hatte ich zu ihm gesagt: »Schatz, mir liegt sehr viel an dir, und ich wünsche mir wirklich eine Beziehung mit dir, doch gerade jetzt habe ich das Bedürfnis, zu flirten und herauszufinden, wie es ist, sexy zu sein.« Er hätte sagen können: »Okay, ich kann mich damit arrangieren, solange wir diese Vereinbarungen haben«, und dann hätten wir darüber sprechen können, wie das aussehen könnte. Oder er hätte sagen können: »Das kann ich nicht.« Stattdessen verbrachten wir drei turbulente Jahre in einer Beziehung, in der ich meine sexuelle Energie unterdrückte (und du kannst dir vorstellen, was das mit unserem Sexleben machte!) und er sich zurückgewiesen fühlte.

Wir hatten unterschiedliche Bedürfnisse, doch beide von uns ignorierten diese Wahrheit. Wenn ich zurückschaue, erkenne ich, wie kraftvoll es hätte sein können, meine Wahrheit zu sprechen, stattdessen schämte ich mich dafür und hielt daran fest, die Beziehung mit ihm auf die Weise zu führen, wie er sie sich wünschte.

Es ist ein Geschenk für uns selbst und für andere, wenn wir wahrhaft und mit offenem Herzen aufrichtig sind. Das beginnt damit, dass wir zunächst zu uns selbst wieder und wieder die Wahrheit sprechen. Indem wir das tun, gewinnen wir Selbsterkenntnis und Vertrauen, und diese werden ganz natürlich in all unsere Beziehungen fließen.

Ressourcen

Geschenke

- Klare Kommunikation bedeutet häufig, schlechte Gewohnheiten abzulegen und die Basisregeln guter Kommunikation neu zu lernen.
- Deine Wahrheit zu sprechen kann sich erst unbequem anfühlen, ist aber außerordentlich kraftvoll.
- Lerne, vollständige Botschaften zu kommunizieren, um Vertrautheit und Verbundenheit zu stärken.
- Ein offenes Herz ist ein machtvoller Verbündeter, auch wenn wir Grenzen setzen oder schwierige Dinge aussprechen.

Erkundungen

Deine Wahrheit finden

Um deine eigene Wahrheit kommunizieren zu können, schreibe alles nieder, was du glaubst, kommunizieren zu müssen. Schreibe, ohne nachzudenken. Lies deine Liste dann noch einmal durch und prüfe, welche Vereinbarungen/Gedanken sich um eine gewünschte Folge/Reaktion der Person drehen, mit der du sprichst, und welche deinem authentischen Ausdruck entsprechen.

Dampf ablassen, einen Rat geben, sich mitteilen

Eine Freundin und ich spielten gern ein simples Spiel, das uns half, in unserem Zusammensein präsent zu bleiben. Wenn eine von uns ihrem

Herzen Luft machen und ihre Frustration nach einem harten Tag ausdrücken musste, sagte sie: »Ich muss Dampf ablassen!« Sie nahm sich dann fünf Minuten Zeit, um so vollständig und dramatisch Dampf abzulassen wie möglich. Wenn die fünf Minuten um waren, hörte sie auf und machte mit dem weiter, was sie vorher getan hatte. Wir konnten auch sagen: »Nicht jetzt!«, was bedeutete: »Ich bin jetzt nicht in der Verfassung, mit deinem Dampfablassen umzugehen.«

Wenn eine von uns Rat brauchte, sagte sie: »Ich brauche Rat!«, sodass die andere wusste, dass ihre Kreativität gefragt war.

Und wenn wir sagten: »Ich muss etwas mitteilen!«, dann hieß das: »Ich freue mich über etwas – feiere es mit mir!«

Welche Spiele könntest du für dein Zusammensein mit Freunden, deiner Familie oder deinem Partner erfinden?

Lektion neun

Lebe deine Weisheit

Der intuitive Geist ist ein heiliges Geschenk und
der rationale Geist ein treuer Diener.
Wir haben eine Gesellschaft erschaffen,
die den Diener ehrt und das Geschenk vergessen hat.

ALBERT EINSTEIN

Ich war spät dran und wollte los zu einem Termin, als ich den starken Drang verspürte, bei meinem Nachbarn vorbeizuschauen. Mein rationaler Geist sagte: »Du musst dich beeilen, es gibt keinen Grund, Fred zu besuchen.« Aber eine Stimme tief in meinem Inneren forderte mich weiterhin auf: »Gehe einfach kurz bei ihm vorbei und schau, wie es ihm geht.« Nachdem ich innerlich eine Weile mit mir gerungen hatte, beschloss ich, dem Impuls zu folgen. Als ich den schmalen Weg unter den Eichen entlangging, rief ich meine Klientin an und sagte, dass ich etwas später kommen werde.

Fred hatte eine schwierige Zeit hinter sich: Seine Ehe war in die Brüche gegangen, die Sorge bestand, dass er aus seinem geliebten Haus ausziehen musste, und sein Sohn war viele Kilometer weit entfernt. Als ich eintrat, war er dabei, sein Abendessen zuzubereiten. Überrascht, mich zu sehen, schaute er auf.

»Was machst du hier?«, fragte er.

»Ich habe gerade das Gefühl gehabt, dass ich bei dir vorbeikommen sollte«, sagte ich und ließ mich in einen Sessel fallen. »Wie geht es dir?«

Er saß eine lange Zeit schweigend da. »Nun«, sagte er, »ich war dabei, mir meine letzte Mahlzeit zu kochen. Ich habe beschlossen, mein Leben zu beenden.«

Ich wurde innerlich sehr ruhig und öffnete mein Herz für ihn und das, was er jetzt brauchte. »Das erscheint ein wenig drastisch«, sagte ich.

Fred lächelte traurig. »Ich habe einfach das Gefühl, dass ich es nicht länger schaffe.«

»Ich verstehe. Du hast eine Menge durchgemacht. Doch ich denke, das Leben ist es wert, gelebt zu werden, und du hast der Welt noch so viel zu geben.« Wir saßen etwa eine halbe Stunde beisammen, ich hörte ihm meist nur zu und blieb in meinem Körper, Herzen und Geist achtsam für ihn. Ich ließ jeden Gedanken los und vertraute darauf, dass es einen Grund dafür gab, dass ich hier war.

»Ich kann es nicht glauben, dass du vorbeigekommen bist«, sagte Fred zu mir, nachdem er über seine Ängste und seinen Schmerz gesprochen hatte. »Du hast recht, ich möchte nicht allem ein Ende setzen. Wenn du nicht gekommen wärest, hätte ich mich heute Nacht erschossen. Danke, dass du mein Engel warst.«

Als ich wieder nach Hause ging, sprach ich ein Dankgebet, dass ich präsent genug gewesen war, um auf meine innere Führung zu hören und ihr zu folgen.

Hier ist eine weitere Geschichte: Vor einigen Jahren, an einem Sonntagnachmittag, befand sich eine Freundin von mir auf ihrem Weg vom Einkauf zurück nach Hause, als sie das starke Gefühl überkam, sie sollte ihren Vater besuchen. Es war einer der üblichen Sommertage in Texas, mit Temperaturen um die vierzig Grad, und ihr erster Gedanke war, diese Idee eines spontanen Besuches nicht ernst zu nehmen. Sie sehnte sich nach einem Sprung in den Pool.

Doch das Gefühl verschwand nicht, sondern wurde stattdessen immer stärker, bis sie es nicht länger ignorieren konnte. Sie wendete ihren Wagen und fuhr die zwanzigminütige Strecke zu seinem Haus, in dem er nach dem Tod ihrer Mutter vor fünf Jahren allein lebte.

Sie öffnete die Haustür und rief, als sie eintrat: »Papa, ich bin es!« Sie erhielt keine Antwort, das Haus war still. Sie blickte rasch in alle Räume, konnte ihren Vater jedoch nirgendwo entdecken. Sein Auto stand vor dem Haus, und da er ein Gewohnheitsmensch war, wusste sie, dass er am Sonntag nach der Kirche das Haus nicht mehr verließ.

Da bemerkte sie, dass die gläserne Schiebetür zum Hinterhof offen war. Sie eilte nach draußen und fand ihren Vater mit dem Gesicht nach unten im Gras liegen, schutzlos den sengenden Sonnenstrahlen ausgesetzt. Sie drehte ihn um, und obwohl er blass und stark dehydriert war, atmete er noch. Sie wählte die Notrufnummer, und innerhalb weniger Minuten befanden sie sich im Krankenwagen auf dem Weg in die Notaufnahme, wo die Ärzte feststellten, dass ihr Vater einen Herzinfarkt erlitten hatte. Wäre sie nur etwas später eingetroffen, hätte er nicht überlebt. Ohne Zweifel hatte ihre Intuition sein Leben gerettet.

Ich habe noch niemals eine Frau getroffen, die nicht selbst schon die Kraft der Intuition in der einen oder anderen Form erlebt hat. Von den kleinen Erlebnissen – wir denken an einen alten Freund, den wir seit Jahren nicht gesprochen haben, und im nächsten Moment ruft er an – bis zu den bedeutsameren Erfahrungen – wie in den zwei Ereignissen, die ich gerade erzählt habe – ist Intuition eine machtvolle Kraft im Universum.

Unsere Intuition ist der Beleg dafür, dass es mehr im Leben gibt als das, was gewogen, gemessen oder auf andere Weise im Labor in Zahlen ausgedrückt werden kann. Die Gesetze der Wissenschaft können Intuition nicht erklären, und doch wissen wir alle aus persönlicher Erfahrung, dass sie real ist. Wir müssen davon ausgehen, dass sie der spirituellen Sphäre angehört.

Eng verknüpft mit der Intuition ist die Vorstellung von Weisheit – nicht die Art von Weisheit, die durch das Lesen von Büchern erlangt werden kann, sondern die Weisheit, die eher ein tiefes Wissen darstellt, ein Gefühl, das aus dem Herzen kommt. Wenn wir von diesem Ort der Weisheit heraus denken und handeln, können wir allem, was uns im Leben widerfahren mag, mit großer Stärke begegnen. Eine Kriegergöttin spricht und handelt von dieser Warte der Weisheit, die die Tolteken »stilles Wissen« nennen.

Auf die eigene Intuition hören und der eigenen Weisheit vertrauen sind entscheidende Fähigkeiten der Kriegergöttin; um sie zu erlangen, müssen wir in der Lage sein, still zu werden, uns zu verbinden und zu lauschen auf das, was sich jenseits unseres rationalen Verständnisses befindet.

Es gibt einen Grund, warum dies die neunte Kriegergöttinnen-Lektion ist, denn wenn wir die vorherigen Lektionen gelernt haben und ihren Inhalt leben, fällt es uns sehr viel leichter, unsere Weisheit zu leben und unserer Intuition zu lauschen. Tatsächlich kann es eine Lebensweise werden.

Wie die zwei Geschichten am Anfang dieses Kapitels zeigen, ist die Verbundenheit mit unserer Intuition ein machtvolles Werkzeug und ein Weg, auf dem wir direkt mit der spirituellen Sphäre in Kontakt treten können. Wir gewinnen Zugang zu dieser unsichtbaren Kraft des Universums und empfangen Führung in Fragen, die so gewaltig sind wie Leben und Tod und so winzig wie das Finden eines Parkplatzes.

Wenn wir die Verbindung zu unserer Intuition verloren haben, fixieren wir uns häufig auf die Welt der materiellen Dinge, und als Folge wird unser Leben entweder langweilig oder äußerst anstrengend, oder wir werden vereinnahmt von dem Wunsch, auf der materiellen Ebene Erfolg zu haben. Wir werden zu Sklaven von materiellen Dingen, die – so glauben wir – helfen, dass wir uns besser fühlen, wie Einkaufen, Essen, Trinken oder der Konsum von Drogen und Alkohol. Statt uns selbst zu vertrauen, suchen wir sexuelle Begegnungen, um uns sicher zu fühlen. Statt uns harmonisch einzustimmen auf die Welt, wie sie ist, setzen wir unsere Willenskraft ein, um die Dinge so hinzubiegen, wie wir es für richtig halten. Das ist nicht der Weg der Kriegergöttin.

Wenn wir in unserem Leben auf diese Weise aus der Balance geraten sind, kann es dazu führen, dass wir die innere Stimme der Angst hören und sie mit unserer Intuition verwechseln, oder wir glauben überhaupt nicht mehr an unsere Intuition und verlassen uns auf andere, damit sie stattdessen die Stimme der göttlichen Führung in unserem Leben übernehmen.

Mit Achtsamkeit können wir unser angeborenes spirituelles Wissen entwickeln und nähren. Wir können unsere intuitiven und spirituellen Zentren wieder öffnen, egal, wie lange wir sie verschlossen oder verborgen gehalten haben.

Wie erkennen wir echte Intuition?

Wie erkennen wir, welche Botschaften von unserer Intuition kommen und welche von unserem Geist? Diese Frage sollte sich jede Kriegergöttin stellen, wenn sie ihre Intuition entwickelt.

Indem wir unser Geburtsrecht der Intuition nutzen, lernen wir, mehr zu vertrauen, statt nur auf unser gewohnheitsmäßiges Wissen zurückzugreifen. Intuition entspringt der Liebe, nicht der Angst. Die Stimme unseres Geistes ist äußerst trickreich und kann sich als Intuition tarnen, doch mit der Zeit werden wir die Unterschiede zwischen beiden besser erkennen. Intuition wird häufig eher als *Gefühl* wahrgenommen denn als *Gedanke*. Viele Frauen beschreiben sie als das klassische »Bauchgefühl«, das sich im Solarplexus ausbreitet, während andere sie eher als ein Aufwallen von Energie im ganzen Körper schildern. Bei einigen Frauen entstehen Bilder in ihrem Geist, sie hören einen Klang oder bemerken einen Duft, der mit Informationen angefüllt ist. Wenn wir uns und die Signale unserer Intuition besser kennengelernt haben, werden wir die Zeichen, die wir erhalten, rascher und zuverlässiger deuten können.

Der Geist setzt sich aus unseren Erfahrungen und Glaubenssystemen zusammen, und er operiert häufig von einem Ort der Angst oder des Begehrens aus. »Ich will dies. Ich will jenes nicht« sind Gedanken, die der Geist produziert. Das bedeutet nicht, dass der Geist »schlecht« ist, doch es ist wichtig, sich seiner Gewohnheiten bewusst zu sein und zu erkennen, wann sich seine Wünsche und Ängste als Intuition tarnen. Eine Kriegergöttin besitzt die Fähigkeit, die Stimmen des Geistes von den echten intuitiven Botschaften zu unterscheiden. Der erste Schritt besteht darin, unsere Intuition und spirituelle Verbindung von all unseren alten Geschichten und Glaubenssystemen zu befreien. Ich habe beobachtet, dass ich selbst wie viele andere auch schon starke »intuitive« Gefühle in Bezug auf etwas hatte, nur um dann bei weiterer Selbsterforschung festzustellen, dass es sich bei den Gefühlen nicht um Intuition handelte, sondern mein Geist auf mich einredete.

Den ersten Weckruf erhielt ich, als ich gerade das College abgeschlossen hatte und eine Beziehung zerbrach. Ted und ich hatten uns rasch und heftig ineinander verliebt und eine ebenso intensive Beziehung geführt – mit endlos scheinenden Tagen, an denen wir nichts anderes taten, als uns verträumt in die Augen zu blicken, und all dem anderen euphorischen Glück einer neuen Liebe. Ein weiteres starkes Band zwischen uns entstand durch die Tatsache, dass wir beide dabei waren, uns von sexuellem Missbrauch zu heilen. Leider vermischte sich unsere echte Zuneigung füreinander bald mit unseren unbewussten Ängsten und Verletzungen, und wir trennten uns, als Ted beschloss, dass er nach New Mexico gehen musste, um sich selbst zu finden.

Als er unerwartet zurückkehrte, stellte ich fest, dass zwischen uns immer noch eine Verbindung bestand, obwohl wir gesagt hatten, dass wir keine Beziehung mehr wollten. Ich erlebte eine Reihe von unleugbaren Synchronizitäten: Ich dachte zum Beispiel an ihn, beschloss, an seinem früheren Haus vorbeizugehen, und traf ihn dort vor der Haustür. Ich empfand den dringenden Wunsch, spätabends einen Spaziergang zu machen, und lief ihm über den Weg. Wir hatten dann leidenschaftlichen Sex miteinander, trafen uns aber so lange nicht wieder, bis uns die nächste Synchronizität zusammenführte. Ich hatte das Gefühl, dass es Schicksal war; offensichtlich waren wir füreinander bestimmt. Ich glaubte, meiner

Intuition zu folgen, und wob eine ganze Geschichte um die unsterbliche Leidenschaft unserer Liebe.

Einige Monate später kam eine Frau aus der Gemeinde, in der ich lebte, in mein Büro und erzählte mir, sie und Ted hätten eine Beziehung. Sie hatte ihm ein Ultimatum gestellt, er solle mir bis zu einem bestimmten Termin davon erzählen, und da er es nicht getan habe, wolle sie sicherstellen, dass ich es wisse.

Ich brauchte mehrere Wochen, um zu klären, warum mich meine Intuition in die Irre geführt hatte. Wie konnte ich so viele Botschaften vom Universum erhalten, dass Ted der Richtige für mich war? Als ich nachforschte, begann ich die vielen Dinge zu bemerken, die ich übersehen hatte, all die kleinen Zeichen, die auf die Wahrheit hinwiesen. Meine »intuitiven« Erkenntnisse beruhten auf meiner ungesunden Anhaftung an jemanden, der für mich nicht erreichbar war. Diese Erfahrung war von unschätzbarem Wert und half mir, die subtilen Unterschiede wahrzunehmen, die zwischen echter Intuition und dem Ausleben früherer Verletzungen und Ängste bestanden.

Deshalb ist es so wichtig, dass du dir Zeit nimmst, alle Lektionen des *Warrior Goddess Trainings* praktisch umzusetzen, sodass du deine Glaubenssätze kennenlernst und erkennst, auf welche Weise du dich in der Vergangenheit eingeschränkt hast. Wenn du systematisch die verschiedenen Bereiche in deinem Leben klärst, wird deine intuitive Weisheit stärker und klarer, wie ein Spiegel nach gründlichem Polieren.

ÜBUNG: Das Resultat prüfen

Um unsere intuitiven Fähigkeiten zu entwickeln, brauchen wir die Bereitschaft, uns zu irren, und die Bereitschaft, richtigzuliegen. Wir lernen die Sprache unserer angeborenen Intuition, indem wir unsere Erlebnisse im Nachhinein erforschen. Ich habe festgestellt: Wenn wir mit großer Neugier »das Resultat prüfen«, lernen wir die Feinheiten eines intuitiven Zeichens am besten von einem Signal unseres Geistes zu unterscheiden.

»Das Resultat prüfen« funktioniert so: Wenn du glaubst, ein intuitives Gefühl zu haben, bestimme und beschreibe es. Wo nimmst du es in deinem Körper wahr? Wie klingt die Stimme in deinem Kopf? Welche Emotionen nimmst du wahr? Was geschieht mit deinem Energiekörper? Spüre alle unterschiedlichen Aspekte dessen auf, was du als deine Intuition wahrnimmst. Dann triff eine bewusste Entscheidung, ob du ihr folgen willst oder nicht.

Ich empfehle, ein Intuitions-Tagebuch anzulegen und alle Einsichten und Erfahrungen niederzuschreiben, von denen du denkst, dass sie Intuition sein könnten. Später kannst du deine Aufzeichnungen durchlesen und das Resultat prüfen. Frage dich im Nachhinein: Stammte diese Botschaft von deiner Intuition oder von deinem Geist? Wie haben sich die Dinge weiterentwickelt, als du der Botschaft gefolgt oder ihr nicht gefolgt bist? Indem du alles aufschreibst und später das Resultat prüfst, wirst du anfangen zu erkennen, wann du richtig- und wann du falschlagst. Im Lauf der Zeit wirst du feststellen, dass deine Fähigkeit, intuitive von nichtintuitiven Gefühlen zu unterscheiden, enorm zunimmt.

Hier sind einige Beispiele, wie es funktionieren kann, das Resultat zu prüfen und deine Intuition aufzuspüren:

Datum: *12/2*
Gefühl/Gedanke: *Ich muss heute pünktlich bei der Arbeit sein.*
Handlung: *Ich bin zehn Minuten früher als sonst zur Arbeit aufgebrochen.*
Details: *Die Stimme war leise, und ich fühlte mich ruhig. Ich wünschte mir, länger im Bett zu bleiben, ein Anteil von mir wollte also den Gedanken ignorieren, dass ich früh aufbrechen musste. Doch schließlich beschloss ich aufzustehen und verließ das Haus.*
Resultat: *Ich hatte kaum das Büro betreten, als das Telefon klingelte. Der Anrufer war jemand, mit dem ich dringend über unser Projekt sprechen musste. Welch ein Glück!*
Was ich gelernt habe: *Der leisen Stimme folgen, auch wenn Körper und Geist sich sperren.*

Datum: *6/5*
Gefühl/Gedanke: *Ich war bei der Arbeit, als ich das Gefühl hatte, dass ich auf der Stelle in ein Geschäft gehen solle und dass es wirklich wichtig sei.*
Handlung: *Ich nahm meinen Mantel und eilte hinaus.*
Details: *Auf dem Weg zu dem Geschäft fühlte ich mich besser, weshalb ich dachte, dass ich die richtige Entscheidung getroffen hätte. Ich kaufte Lebensmittel ein und beschloss dann, in der Gärtnerei vorbeizuschauen, um etwas für den Garten zu besorgen.*
Resultat: *Als ich nach Hause kam, war ich komplett mit anderen Dingen beschäftigt, sodass ich die Pflanzen zur Seite legen musste. Dann begann ich, Unkraut zu jäten.*

Was ich gelernt habe: *Dieses Erlebnis ist jetzt einige Wochen her, und ich habe gesehen, dass dieses Muster ständig auftaucht: der Drang, etwas sofort tun zu müssen, der sich wie eine starke Intuition anfühlt. Ich sehe allerdings jetzt, dass es sich nur um den Wunsch nach Ablenkung von der Arbeit handelt und dass es mir auf lange Sicht Stress bereitet, auch wenn ich mich kurzfristig besser fühle. Als ich mich fragte: »Ist dieses Gefühl meine Intuition oder der Versuch, mich abzulenken?«, und die Dringlichkeit des Gefühls achtsam wahrnahm, erkannte ich, dass sich hinter dem Gefühl der Gedanke verbarg: »Ich kann diese Aufgabe nicht erledigen – sie ist zu schwierig.«*

Neue Handlung: *Das nächste Mal, wenn ich den Verdacht habe, dass es sich bei einem Gefühl um eine falsche Intuition handeln könnte, mache ich eine kurze Pause und gehe spazieren, um neue Energie zu schöpfen. Beim Gehen muntere ich mich auf, indem ich mir selbst erzähle, wie wunderbar kompetent und talentiert ich in meinem Job bin.*

Wenn du das Resultat prüfst, ist es wichtig, dass du dich nicht verurteilst! Denk daran, dass du noch lernst. Betrachte neugierig und geduldig die subtilen Unterschiede zwischen einem intuitiven Wissen und einer Geschichte, die dir dein Geist erzählt. Wenn du die Fäden alter Gewohnheiten und Ängste löst und dir dein Leben aus dem stärkeren Gewebe inneren Wissens neu erschaffst, wirst du dich der Quelle heiliger Weisheit öffnen, die in deinem Inneren sprudelt.

Ich habe festgestellt, dass viele Frauen über ein starkes intuitives Wissen verfügen, doch nur über eine schwach ausgeprägte Fähigkeit, sich selbst zu vertrauen. Meine Freundin Sally erzählte mir, was geschah, als sie eine Zeit lang nicht auf ihre Intuition gehört hat. Obwohl ihr Bauchgefühl ihr sagte, dass eine bestimmte Situation ihr nicht guttat, blieb sie dabei, ihre Intuition zu ignorieren, bis sie körperlich krank wurde. Als sie bereit war, die Wahrheit zu sehen, verstand sie, dass sie aus der Balance geraten war, weil sie nicht auf ihre Intuition hören wollte.

Als Nächstes gebe ich dir einige Hinweise, was beim Umgang mit Intuition eventuell Schwierigkeiten bereiten könnte und was zu beachten ist.

Kenne deine Filter

Es kann passieren, dass dein anfängliches intuitives Gefühl sehr klar ist, doch dann geht es durch den Filter deiner Meinungen und Erfahrungen, und die Wünsche und Ängste des Geistes übernehmen die Führung. In der Folge trübt sich die ursprüngliche Wahrheit, die zu dir über die Intuition gekommen ist.

Nutze die intuitiven Einsichten anderer mit Vorsicht

Eine andere Schwierigkeit kann darin bestehen, zwischen deiner Intuition und den Meinungen anderer zu unterscheiden (oder deine Projektionen, was die Meinungen anderer betrifft!). Mit anderen Worten, wenn du einen intuitiven Moment erlebst, in dem du dich gedrängt fühlst, eine bestimmte Handlung auszuführen, ist es möglich, dass du sofort die Stimme einer bekannten Person in deinem Kopf sprechen hörst, die sagt: »Tu das nicht!«, oder: »Das wird niemals funktionieren!« Auf diese Weise filterst du das intuitive Signal durch die Glaubenssätze und Meinungen anderer.

Auch Freunde mit einer starken Intuition oder professionelle Medien, die wir aufsuchen, um Rat zu erbitten (*Intuition* gilt allgemein als ein anderer Begriff für »übersinnliches Phänomen«), können uns fehlleiten. In beiden Fällen sollten wir uns bewusst sein, dass andere – wie wir selbst auch – starke Filter oder Glaubenssätze haben können, die ihre Interpretation der empfangenen Information trüben. Obwohl die Information zu Anfang zutreffend war, kann sie von ihrem Glaubenssystem beeinflusst worden sein. Es ist deshalb wichtig, dass wir diese Information selbst prüfen und uns der Glaubenssysteme jedes Menschen, dessen Rat wir suchen, bewusst bleiben.

Eine Frau mag uns beispielsweise einen intuitiven Rat zu unserer Ehe geben, doch ihr »Wissen« über Beziehungen ist vielleicht stark beeinflusst von ihrem Ärger über ihren Ex-Mann. Nutze deshalb den Rat anderer, um Zugang zu deinem eigenen intuitiven Wissen zu gewinnen, doch sieh ihn nicht als absolute Wahrheit an. Den Weg der Kriegergöttin gehen bedeutet, die Emotionen und Gedanken anderer nicht mit deiner eigenen Wahrheit zu vermischen. Du kannst die Meinungen anderer respektieren, ohne sie unbedingt zu teilen.

Erkenne, wann es Zeit ist, zu handeln

Schließlich sei dir bewusst, dass du nicht unbedingt handeln musst, nur weil du etwas intuitiv erkennst. Ich erinnere mich an ein Erlebnis mit einer Schülerin. Als wir zusammensaßen und ich mich in die Energie der Entscheidungen, vor denen sie zu der Zeit stand, hineinfühlte, hatte ich eine sehr klare intuitive Vision. Ich konnte deutlich sehen, wohin ihre Entscheidungen sie führen würden und mit welchen Schwierigkeiten sie in naher Zukunft konfrontiert sein würde. Ich fühlte mich frustriert, wusste jedoch, dass sie ihre Entscheidung gefällt hatte und dass sie diese Erfahrungen für sich selbst machen musste. Das Beste, was ich zu der Zeit tun konnte, war es, zu schweigen. Als dann ein Ereignis nach dem anderen so eintrat, wie ich es intuitiv gesehen hatte, bestand der wahre Gewinn, den sie daraus zog, darin, dass sie die Lektion lernte, die sie für sich selbst brauchte. Ich war dankbar, dass ich meine Intuition bezüglich ihrer zukünftigen Erfahrungen nicht genutzt hatte, um mich überlegen zu fühlen oder recht zu haben, sondern um mitfühlend mit ihr umzugehen und sie bedingungslos darin zu unterstützen, ihre Erfahrungen positiv zu nutzen.

Weisheit und stilles Wissen

In Stammeskulturen überall auf der Welt haben die Stammesältesten die wichtige Aufgabe, Entscheidungen zu treffen und die Weisheit zu bewahren. Die Großmütter und alten Frauen werden geehrt und aufgesucht, um Rat zu großen und kleinen Belangen zu erbitten. Diese Frauen bilden die dritte Gruppe einer alten Trinität weiblicher Archetypen: Jungfrau, Mutter und Großmutter.

Die Jungfrau oder das Mädchen verkörpern die Energie von Neugier, Forschergeist, Jugend, Unschuld, Spiel sowie von sexuellem und sinnlichem Ausdruck. Der Archetyp der Mutter drückt die Energie von Geburt und nährender Kraft aus, egal, ob es um Kinder oder Herzensprojekte geht. Der Archetyp der Großmutter steht für die Energie des nachhaltigen, langfristig wirksamen und heilsamen Handelns, der visionären Weisheit und der Bereitschaft, den ganzen Stamm zu unterstützen, ohne Ausnahmen zu machen. Wenn wir den Archetyp der Großmutter in uns nähren, verkörpern wir gleichzeitig die besten Qualitäten von Jungfrau und Mutter und dienen dem Gemeinwohl.

Kriegergöttinnen, die in Balance leben, vereinen alle drei Aspekte dieser göttlichen weiblichen Trinität in sich und verfügen über die Fähigkeiten von Jungfrau, Mutter und Großmutter.

Ich finde es interessant, dass unsere heutige Gesellschaft sich derart stark auf den Archetyp der Jungfrau fixiert. Das erscheint so unausgewogen. Schlage einfach irgendeine Zeitschrift auf, und dir springt dieses Ungleichgewicht förmlich ins Auge. Stell dir vor, alle populären Magazine wären gefüllt mit Bildern von glücklichen Großmüttern und mächtigen alten Frauen! Auch wenn die Energie der Jungfrau wundervoll und wichtig ist, können wir uns von unserer Kraft und Tiefe abschneiden, wenn wir uns bemühen, Mädchen zu bleiben, obwohl wir diese Stufe längst hinter uns gelassen haben. Wir sind so leicht in dem Hamsterrad gefangen, unsere Jugend zu bewahren, koste es, was es wolle. Ich spreche nicht von dem Bestreben, sich gut um sich selbst zu kümmern und im Herzen jung zu bleiben. Ich spreche über die Momente, wenn wir in den Spiegel blicken und uns selbst verurteilen – für unsere Falten, die Form unserer Brüste und die vielen anderen körperlichen Veränderungen, die geschehen sind, seit wir das Alter von zwanzig Jahren überschritten haben.

Auch der Mutteraspekt unserer inneren Trinität ist aus der Balance geraten. Der Archetyp der Mutter ist machtvoll, doch viele von uns führt er zum Gefühl der Unterbewertung, Überlastung und Erschöpfung, weil wir gelernt haben, uns auf Kosten unseres eigenen Wohlbefindens um alles und jeden zu kümmern. Wir können auch am Archetyp der Mutter festhalten, noch lange nachdem er uns oder unseren Kindern dienlich war, indem wir diese immer noch »bemuttern« (oder mit unserer Mutterliebe erdrücken), obwohl sie längst erwachsen und selbstständig sind.

Um dieses Muster zu ändern, lade ich alle Kriegergöttinnen-Frauen ein, vorzutreten und sich mit der Kraft der Großmutter anzufreunden. Das bedeutet, dass wir die Angst vor unserer Macht hinter uns lassen und nicht mehr versuchen, harmlose kleine Mädchen oder verlockende Sexhäschen zu sein. Auch unsere Gewohnheit, das Wohl jedes anderen vor unsere eigenen Bedürfnisse zu stellen, können wir dann loslassen.

Indem wir furchtlos einen Schritt in Richtung Großmutter-Energie machen, gewinnen wir Zugang zu unserem »stillen Wissen«, wie es die Tolteken nennen. Das stille Wissen beinhaltet unsere Intuition, geht aber noch darüber hinaus. Wenn wir mit unserer Intuition verbunden sind, erhalten wir Botschaften aus der unsichtbaren spirituellen Sphäre, die uns hilft, uns durch die materielle Welt der Formen zu navigieren. Wenn wir aber mit dem stillen Wissen verbunden sind, überwinden wir gänzlich die Grenzen zwischen den beiden Welten des Materiellen und des Spirituellen, des Bekannten und des Unbekannten. Wir verlassen die Dualität, die Sphäre von Richtig und Falsch, die Welt der Regeln und erreichen die vollkommene Verbundenheit mit allem, was ist.

Wie Don Miguel schreibt: »Die innere Stille ist der Ort des stillen Wissens, wo du alles weißt und erkennen kannst, dass es eine Vielzahl von Möglichkeiten gibt.«

Wir alle waren bei unserer Geburt mit diesem stillen Wissen verbunden, und es ist unser Geburtsrecht, uns jederzeit wieder zu verbinden. Wir erhalten Zugang zum stillen Wissen, wenn wir in die Stille gehen und unsere Wahrnehmung in den Raum jenseits unseres Egos und unserer Persönlichkeit ausdehnen – hinein in die immerwährende Wahrheit, dass wir und die Welt eins sind. Wir entkoppeln uns von unserer Selbstherrlichkeit und erkennen, dass jeder Einzelne von uns eine kleine Zelle im Körper des Universums ist. In diesem Gewahrsein müssen wir nicht nach Antworten suchen; sie entstehen spontan in uns, weil wir alles sind.

Der erste Schritt, um eine klare Verbindung zum stillen Wissen zu entwickeln, besteht darin, dass wir einfach die Absicht haben, es zu tun. Deine Absicht ist machtvoll. Du kannst dich entweder ganz auf den kleinen Bereich deines alltäglichen Dramas und deiner Ängste ausrichten oder dich dafür entscheiden, den Sprung ins Unbekannte zu wagen.

Lass dein Gewohnheitswissen hinter dir und öffne dich für das Gewahrsein, dass alle Dinge eins und miteinander verbunden sind. Verlangsame dein Tempo. Lausche auf die Sterne und die Erde; horche auf die stillen Lehren des Windes und die Weisheit des Feuers. Der Mikrokosmos jeder deiner Zellen ist verbunden mit dem Makrokosmos des gesamten Universums. Werde still und lass das Universum in dir erblühen.

Ressourcen

Geschenke

- Deine Intuition spricht fortwährend mit dir; deine Aufgabe besteht darin, dich zu erinnern, wie du dieser inneren Stimme zuhörst.
- Nicht jede starke intuitive Erkenntnis muss immer ausgedrückt oder verstanden werden, noch musst du ihr stets folgen.
- Energetische Wahrnehmung kann unzählige Formen annehmen: von einem inneren Wissen über ein inneres Bild bis zu einem Gefühl.

- Die Weisheit des inneren Wissens entsteht in uns, wenn wir unseren Geist beruhigen und uns auf das Unbekannte statt auf das Bekannte ausrichten.

Erkundungen

Vertiefe deine Stille

Nun, da du bereits viele Erfahrungen mit dem Weg der Kriegergöttin gemacht hast, ist es Zeit, dein Commitment in Bezug auf deine spirituelle Praxis zu stärken. Die folgenden Übungen werden dir helfen, mehr in Kontakt mit deiner Intuition und Weisheit zu kommen.

- Nimm dir einmal die Woche Zeit, um eine Stunde in die Stille zu gehen.
- Übe dich darin, auf Partys oder bei der Arbeit zeitweise in die Stille zu gehen: Beschränke dich darauf, nur das zu sagen, was notwendig ist. Richte dich in der übrigen Zeit auf Liebe oder eine bestimmte Absicht aus.
- Verzichte mehrmals am Tag auf Multitasking. Wenn du isst, tue nichts anderes als essen. Wenn du telefonierst, telefoniere einfach nur.
- Schaffe dir in jedem Moment mehr Raum durch bewusstes Atmen und bewusste Intention. Selbst wenn du sehr viel zu tun hast, kannst du dein Tempo verlangsamen und in die Stille zwischen den Sekunden hineinspüren.
- Nimm dir Zeit für ein ausgedehntes Retreat in der Stille. Werde dir klar darüber, was du tun musst, damit du dir diese Zeit nehmen kannst. Bitte um Unterstützung. Entwickle selbst die Richtlinien dafür.

- Triff Vereinbarungen mit deinen Kindern, deinem Partner und Freunden und setze die nötigen Grenzen, damit du in die Stille gehen kannst.
- Wenn du üblicherweise eher still auftrittst, mache das Gegenteil! Experimentiere damit, mehr zu reden und dich mehr in der Welt auszudrücken. Sieh dir an, was du als größte Herausforderung erlebst.

Lektion zehn

Finde deinen Weg

Das Leben schrumpft oder dehnt sich aus,
proportional zum eigenen Mut.

ANAÏS NIN

Der Workshop, den ich abhielt, hatte gerade erst vor fünf Minuten begonnen, als eine Frau ihre Hand hob und sagte: »Ich weiß nicht, ob ich hier richtig bin. Ich bin introvertiert, Sie aber sind sehr extravertiert, und die Energie hier fühlt sich zu mächtig für mich an. Ich sollte lieber gehen.« Ich antwortete ihr: »Ich bin eigentlich auch introvertiert, verhalte mich aber extravertiert, wenn ich Workshops abhalte. Sie können zwar gern gehen, wenn es das ist, was Sie wollen, aber ich möchte Sie ermutigen, zu bleiben und zu sehen, was Sie hier mitnehmen können. Ich bitte Sie nicht darum, anders zu sein, als Sie sind, sondern möchte Sie einladen, sich für neue Möglichkeiten zu öffnen.«

Sie blieb, und am Ende des Workshops sagte sie begeistert: »Ich hatte keine Ahnung, wie sehr mich meine Geschichte, introvertiert zu sein, eingeschränkt hat!« Sie strahlte in ihrer neu gefundenen Freiheit.

Heißt das jetzt, dass sie sich in eine extravertierte Frau verwandeln wird, die es liebt, sich in großen Gruppen zu bewegen? Vermutlich nicht (es sei denn, eine extravertierte Frau wäre das, was sie eigentlich ist!). Mit dieser Geschichte möchte ich zeigen, dass wir loslassen können, wer wir waren, wenn wir Zugang zu unserer Kriegergöttinnen-Energie gewinnen – und dass wir uns so, wie wir wirklich sind, erleben können, sobald wir uns von alten Definitionen und Wahrnehmungen befreit haben.

Ich habe mich lange Zeit für unglaublich schüchtern gehalten. Eines Tages wurde ich gebeten, für jemanden einzuspringen und über etwas zu sprechen, was mich wirklich begeisterte – eine Reise nach Nicaragua, die ich kurze Zeit davor unternommen hatte, um den Kindern dort Spielzeug und Medizin zu bringen. Obwohl ich schreckliche Angst hatte, stellte ich fest, dass ich gern Vorträge hielt, sobald ich einmal angefangen hatte zu sprechen. Das war eine Offenbarung. Wie konnte ich einerseits so schüchtern sein und es gleichzeitig genießen, vor 200 Menschen zu sprechen? Ich musste loslassen, wer ich zu sein glaubte, und die gewohnte Rolle, die ich als schüchterner Mensch eingenommen hatte, ablegen, um mich für die Wahrheit zu öffnen: Ich liebe es, vor Gruppen zu sprechen. Ich bin immer noch hin und wieder schüchtern, doch ist meine Welt nun viel größer geworden als meine alte Definition von mir selbst als schüchterner, introvertierter Person. Jetzt sehe ich mich als Mensch, der sowohl gesegnet ist mit der Fähigkeit, in der Stille zu ruhen, als auch mit der Freude an Worten und überströmender Energie.

Da wir uns dem Ende des Buches nähern, möchte ich dich einladen, in Erinnerung zu behalten, dass es nicht den *einen* Weg gibt, eine Kriegergöttin zu werden. Du bist vielleicht eine extravertierte, kontaktfreudige und gesprächige Kriegergöttin oder eine ruhige, introvertierte Kriegergöttin, die es vorzieht, eine Gruppe zu beobachten, statt zu ihr zu gehören oder sie zu leiten. Oder du bist möglicherweise beides! Wenn du dich einmal auf dem Weg der Kriegergöttin befindest, wirst du erkennen, dass du eine Wahl hast – und das ist der Schlüssel. Du bist nicht länger Sklavin der Vorstellungen anderer, die bestimmen, wie du dein Leben zu führen hast, noch bist du Gefangene deines eigenen veralteten Glaubenssystems. Du wirst zu der Frau, die du sein *willst,* was gleichbedeutend ist mit der Frau, die du *wirklich bist.*

In der letzten Lektion dieses Buches geht es deshalb darum, dich freudig zu entscheiden, wie du dich selbst definieren willst, während du diesen Weg weitergehst. Diese Entscheidung ist keine Aufgabe, die dich beschränken soll, ebenso wenig soll sie in dir ein falsches Gefühl von Wichtigkeit hervorrufen. Die Wahl deiner Selbstdefinition ist ein Weg, um dir eine positive Richtung zu geben und deine innere Heilung zu fördern. Denk bitte an die Gefahr, in Extreme zu verfallen: Vermeide es, eine zu strenge Selbstdefinition zu entwickeln, wer du sein solltest, und dich dann zu verurteilen, weil du diesem Ideal nicht gerecht wirst; ebenso solltest du dich davor hüten, gar keine Richtung zu haben, ohne Ziel voranzuschreiten und Entscheidungen aus der Not heraus zu treffen.

Im nächsten Abschnitt werden wir die geläufigsten Rollen untersuchen, die wir nutzen, um uns selbst zu definieren und häufig auch zu beschränken, und erkunden, wie wir uns neue Mythen erschaffen, die uns bereichern und inspirieren.

Die Rollen, die du spielst

Eine Rolle ist ein Skript, das lange vor unserer Geburt geschrieben wurde. Eine Rolle legt fest, wie wir handeln und reagieren sollen und was wir glauben müssen. Wir übernehmen eine Rolle häufig, ohne überhaupt zu erkennen, dass es sich um eine Rolle handelt, und mit einem Mal entdecken wir, dass wir uns auf eine Weise verhalten, die wir weder verstehen noch mögen. Wenn wir uns mit einer Rolle identifizieren, glauben wir, dass wir so handeln, wie es uns entspricht, und erkennen nicht, dass wir einfach eine Rolle spielen.

Tochter, Mutter, Studentin, Süchtige, Lehrerin, Chefin, Freundin, Auszubildende, Künstlerin, Aktivistin, Heilerin, glücklich, traurig, geschieden, Single, Helferin, spirituell, Opfer, Täterin, gute Arbeitskraft, Witwe … all das sind mögliche Rollen, die wir im Lauf der Jahre angenommen haben. Und es gibt noch viele, viele andere.

Welche unterschiedlichen Rollen hast du in deinem Leben angenommen? Liste so viele auf, wie du kannst. Nimm wahr, wie sich jede dieser Rollen in deinem Körper anfühlt.

Jede Rolle, der wir anhaften, muss in Liebe losgelassen werden. Eine ganzheitliche Kriegergöttin muss sich nicht auf irgendeine Rolle stützen, um sich vollständig zu fühlen (inklusive der Rolle der Kriegergöttin!). Sich von den Rollen zu befreien, die du angenommen hast, kann eine Weile dauern. Sei geduldig und aufrichtig. Wo machst du dich noch energetisch abhängig von äußerer Bestätigung? Die unten vorgestellte Übung wird dir helfen, die Rollen zu identifizieren, an denen du noch hängst, ob bewusst oder unbewusst, und zu erkennen, wo sie dich beschränken.

ÜBUNG: Identifiziere deine Rollen

Mithilfe dieser Übung kannst du herausfinden, welche Rollen du übernommen hast, und entweder einen Plan entwickeln, wie du sie änderst, oder dich bewusst dafür entscheiden, sie weiterhin zu übernehmen. Schreibe in dein Notizbuch einige Einträge in der Form, wie du sie hier findest, und lass unter jeder Zeile genügend Platz für deine Notizen. (Gleich wirst du sehen, wohin das führt.)

- Rolle
- Beschreibung
- Handeln

Liste zuerst die Rollen auf, die du zurzeit einnimmst. Überlege dir, wo du welche Rolle spielst:

- bei der Arbeit
- in der Familie
- in engen Beziehungen
- bei Freunden
- bei Nachbarn

Hier ein Beispiel für eine Rolle: die gehorsame Tochter. Der Prozess des Niederschreibens kann dir helfen zu verstehen, dass die Rolle, die du spielst, nur das ist: eine Rolle. Und nicht du selbst.

Beschreibe im zweiten Schritt, wie du jede Rolle spielst. Wenn wir das Beispiel von oben weiterspinnen, kannst du vielleicht sagen: *Es begann damit, dass ich versuchte, so zu sein, wie ich glaubte, dass mein Vater mich haben wollte. Doch ich bemerke, dass ich diese Rolle auch in anderen Beziehungen einnehme, insbesondere in meinen Beziehungen zu Männern.*

Gehe im dritten Schritt deine Liste durch und überlege, welche Rollen dir noch dienlich sind und welche nicht. An welchen Rollen haftest du an? Diese Rollen solltest du möglicherweise loslassen. Markiere mit einem Haken oder Sternchen die Rollen, die nicht mehr zu dir passen.

Entscheide dich schließlich, wie du in Bezug auf jede Rolle handeln willst. Du magst vielleicht sagen: Ich möchte die Energie dieser Rolle dahingehend ändern, dass ich mir selbst gegenüber loyal bin und meine Wahrheit sprechen kann – mit Respekt und Liebe für die Menschen in meinem Umfeld. Es gibt keine richtige oder falsche Antwort. Es geht bei dieser Übung darum, die Rollen zu erkennen und loszulassen, die du nicht länger spielen willst.

Hier sind einige Beispiele:

> ***Rolle:*** *Manager*
> ***Beschreibung:*** *Ich wurde angestellt, um ein großes Team von Mitarbeitern zu leiten und dafür zu sorgen, dass wir effizient auf die Wünsche unserer Kunden reagieren. Ich bin ein guter Manager und spiele meine Rolle gut, doch ich sehe, dass ich auch die Verantwortung für die Probleme jedes einzelnen Mitarbeiters übernommen habe, statt sie darin zu stärken, selbst Verantwortung zu tragen.*
> ***Handeln:*** *Ich möchte meine Rolle des »Managens« durch Kontrolle zu mehr Leichtigkeit transformieren und beginnen, stattdessen zu »inspirieren« und anzuregen. Ich werde außerdem den Managerhut ablegen, sobald ich die Arbeit verlasse.*

Rolle: *Mutter*
Beschreibung: *Ich bin Mutter zweier Jungs im Alter von vier und sieben Jahren. Ich fühle mich erschöpft und habe den Eindruck, dass ich außerhalb meiner Mutterrolle kein Leben mehr habe. Ich glaube, ich versuche, die perfekte Mutter zu sein, was immer das sein mag!*
Handlung: *Ich werde mich daran erinnern, dass ich zuallererst eine Frau bin und erst an zweiter Stelle eine Mutter. Ich werde mir jemanden suchen, der einige Stunden auf die Kinder aufpasst, damit ich etwas Zeit für mich selbst habe. Ich werde versuchen, die beste Mutter zu sein, die ich sein kann, während ich mir gleichzeitig mehr Raum für mich gönne. Ich werde aufhören, mich selbst nur als Mutter zu definieren, wenn ich mit mir selbst oder mit anderen spreche.*

Die Wahrheit ist: Du bist keine dieser Identitäten; sie sind nur die Rollen oder Masken, die du angenommen hast. Gleich, wie sehr du die Rolle liebst oder hasst oder wie stabil eine Maske erscheinen mag – die Rolle wird niemals ganz dir selbst entsprechen. Du bist die unveränderliche Kraft jenseits der Masken, die göttliche Präsenz, die die Masken erst möglich macht. Dies zu wissen ist die Weisheit der Kriegergöttin.

Jenseits dieser unterschiedlichen Rollen befindet sich der Kern deines Selbst, und dort findest du die Essenz, die immer gleich ist, egal, welche Rolle du eingenommen hast. Kannst du diesen Keimling des Lichts jenseits deiner Rollen erkennen? Gehe zurück in deine früheste Kindheit, bevor du eine dieser Rollen übernommen hast. Was nimmst du wahr? Erinnerst du dich daran, etwas in seiner Fülle zu erfahren – ohne einen

Gedanken, eine Reflexion oder ein Urteil? Das sind die Momente, in denen es keine Rolle gibt, niemanden, der dir erzählt, wer du sein sollst, keine Rücksicht auf das, was andere denken. Das sind die Momente, in denen du du selbst bist, voll und ganz du selbst.

Im nächsten Abschnitt lernst du ein interessantes Paradox kennen: Eine Methode, die Rollen loszulassen, die du nicht länger spielen willst, besteht darin, einen neuen Mythos zu wählen, den du verkörpern willst.

Die Kraft des Mythos

Seit Anbeginn der Zeit erzählen sich Menschen Geschichten. Und Mythen, die uns ein wichtiges Leitbild oder eine Auffassung lehren, helfen uns, uns die Welt zu erklären und ihren Sinn zu verstehen. Wir verfassen kontinuierlich Mythen über uns selbst und andere, oft ohne es zu merken, und eine der Fähigkeiten der Kriegergöttin besteht in ihrer Bereitschaft, ihre eigene Mythologie zu erschaffen. Den Weg der Kriegergöttin gehen bedeutet, bewusst zu *wählen,* welchen Mythos wir erschaffen wollen, einen Mythos, der uns nährt und Energie schenkt.

Wir werden mit zwei Arten von Mythen experimentieren, dem großen und dem kleinen Mythos. Der große Mythos bietet dir den spirituellen Zusammenhang; der kleine Mythos gibt dir Fokus.

Dein großer Mythos

Dein großer Mythos entspricht dem großen Bild, wie und warum dein einzigartiges, kostbares Kriegergöttinnen-Licht auf die Welt gekommen ist.

Beim Erträumen des großen Mythos geht es zuallererst um unerhörte, märchenhafte, alle Grenzen sprengende Vorstellungskraft. Denk groß. Sei die Heldin deiner eigenen Geschichte. Erfinde dir ein großartiges Team von Unterstützern. Verleihe dir selbst Superkräfte.

Die Möglichkeiten sind schier unendlich:

- Ich bin ein Engel, der seine Flügel wiederfindet.
- Ich bin eine Kriegerin des Lichts, die von ihrem Stamm ausgesandt wurde, um den Planeten Erde zu erforschen.
- Ich bin eine Botschafterin des Vertrauens und auf diese Erde gekommen, um mein Herz für alles und jeden zu öffnen und Samen der Liebe zu verstreuen, wohin auch immer ich gehe.
- Ich bringe Frieden und Verbundenheit direkt aus dem Zentrum des Universums auf die Erde.

Erschaffe dir einen großen Mythos, der dich strahlen lässt. Vergiss deine Vernunft, deinen Sinn fürs Praktische und Realistische. Erfinde eine großartige, magische Medizin, mit der du auf die Welt gekommen bist. Wähle deinen großen Mythos bewusst, doch behandle ihn mit Leichtigkeit; entwickle keine Anhaftung daran! Es ist ein Gewand, das du trägst, nicht dein wahres Selbst. Deine Essenz kann weder definiert noch begrenzt werden.

Mein großer Mythos ist der, dass ich eine Tochter der Göttin bin. Meine Göttinnen-Mutter liebt mich innig und unterstützt mich immer, ich bin geborgen in ihrer Energie. Ich diene ihr und meinen Brüdern und Schwestern, von den Mineralien über die Pflanzen bis zu den Menschen. Wenn ich im Gefühl dieses Mythos bin, entspannt sich mein Körper, ich fühle mich inspiriert, geliebt und voller Liebe. Ich fühle mich glücklich und zuversichtlich.

Wenn ich von einem äußeren Ereignis getriggert werde und bemerke, dass ich in die alte Identität eines unbeliebten, linkischen Teenagers zurückfalle, erinnere ich mich daran, dass ich die Wahl habe. Will ich dieses alte Selbstbild des unbeholfenen Teenagers weiterhin bewahren, oder will ich eine neue Wahl treffen und Tochter der Göttin sein? Als Tochter der Göttin kann ich den Anteil des unbeholfenen Teenagers lieben und seine guten Qualitäten schätzen: Unschuld, Neugier, innere Freude. Diese Halbwüchsige ist auch eine Tochter und Freundin. Ich erkenne eher ihre Schönheit, als ihren Schmerz und ihre Befangenheit heute noch zu leben.

Ein warnender Hinweis an dieser Stelle: Wenn du diesen großen Mythos für dich beanspruchst, werden alle deine anderen Identitäten wahrscheinlich lautstark um deine Aufmerksamkeit buhlen. Dein Richter beschwert sich vielleicht: »Oh, das ist nicht wahr! Du spinnst! Du bist doch schwach!« Dein Opfer beklagt sich: »Nun, wenn du ein Engel bist, warum müssen wir immer noch so viel kämpfen? Wieso kümmert sich niemand um uns? Wo ist mein Seelenpartner-Engel? Warum muss ich noch arbeiten?« Schenke ihnen ein Lächeln. Lache, statt zu kämpfen. Schlüpfe an diesen Stimmen vorbei und bleibe dabei, deinen großen Mythos als deine Wahrheit zu beanspruchen.

Möglicherweise musst du mehrmals am Tag auf deinen großen Mythos zurückkommen. Wenn du einen Fehler machst und die Stimmen von Richter und Opfer laut werden, sagst du dir, statt ihren Stimmen zuzuhören und dich zu bestrafen: »Hey, ich bin die Tochter der Göttin. Ich bin ein Engel, der gekommen ist, um Freude in die Welt zu bringen. Und nun habe ich nur einen Fehler gemacht. Ich lerne einfach, wie es ist, Mensch zu sein.« Und dann überlegst du, was du anders hättest machen können. Was hast du aus deinem Fehler gelernt, was du das nächste Mal, wenn du in eine solche Situation kommst, umsetzen kannst?

Wir haben immer die Wahl, unser Handeln in einem neuen Licht zu sehen und neue Einsichten und Informationen daraus zu gewinnen; unser weiteres Verhalten wird dann von mehr Integrität und Bewusstsein bestimmt. Dein großer Mythos kann dir helfen, Zugang zu dieser Energie zu erhalten. Aber das wird nicht automatisch geschehen. Bleibe neugierig und arbeite daran, deine alten, festgefahrenen Muster aufzulösen, indem du die Werkzeuge aus den vorangegangenen Kapiteln einsetzt. Nur wenn wir innehalten und unser Handeln und unsere Reaktionen liebevoll erforschen, können wir die Lektionen erlernen und leben.

Ein großer Mythos wird dir erlauben, Fehler auf ehrliche und kreative Weise einzuschätzen und zu berichtigen. Werden Engel etwa bestraft? Würde die Göttin dir Vorwürfe machen, wenn du dein Konto überziehst, deinen Job verlierst oder eine Affäre hast? Würde sie zu dir sagen: »Siehst du, du hast denselben Fehler erneut gemacht – du solltest einfach wieder ins Bett gehen. Wenn du dich verkriechst, wird sich vielleicht etwas ändern.« Nein! Aus der Perspektive deines großen Mythos kannst du erkennen, welche Dinge du ändern möchtest, ohne dir Vorwürfe zu machen.

Wenn du dir einen großen Mythos zum Experimentieren erschaffen hast, kannst du dir deinen kleinen Mythos erträumen: eine aktuelle Definition (oder mehrere) deiner selbst als Funke deines Wachstums.

Dein kleiner Mythos

Während dein großer Mythos darstellt, wie und warum du auf diesen Planeten gekommen bist, ist dein kleiner Mythos das Fenster, durch das dein strahlendes Licht in dein alltägliches Leben scheint. Stell dir vor, dass du morgen früh, wenn du aufgewacht bist und deinen Schrank öffnest, neben deiner Kleidung eine Schachtel findest mit der Aufschrift »Kleine Mythen«. Wenn du sie öffnest, entdeckst du Outfits in unterschiedlichsten Stilrichtungen und Farben, und alle sind mit einer Rolle gekennzeichnet, mit der du experimentieren darfst. Du kannst dir davon nehmen, so viele du willst.

Dein kleiner Mythos ähnelt einem märchenhaften Outfit. Er ermöglicht eine bewusste Entscheidung, welche Rolle du in deinem täglichen Leben ausprobieren möchtest.

Sieh dir den Inhalt der Schachtel an und finde das perfekte Outfit für das, was du zu dieser bestimmten Zeit in deinem Leben erschaffen willst. Welche Energie möchtest du mit diesem Outfit in die Welt bringen?

Folgende Rollen aus deiner Kleine-Mythen-Schachtel könntest du beispielsweise ausprobieren: Künstlerin, Heilerin, Studentin, Lehrerin, Geliebte, Mutter, Freundin, Arbeitgeberin, Arbeitnehmerin, Kollegin.

Wähle nicht nur Rollen aus, die dir vertraut sind. Der Schlüssel, um deinen kleinen Mythos für die Förderung deines Wachstums zu nutzen, besteht darin, ihn nicht darauf zu gründen, was du gemäß den Vorstellungen der Gesellschaft, deiner Kritiker und Freunde sein solltest (oder was du glaubst, ihren Vorstellungen entsprechend sein zu müssen). Stattdessen frage dich: Welcher kleine Mythos würde mir jetzt am besten dienen? Wie möchte ich handeln, um mich selbst in dieser Zeit zu unterstützen? Durch welches Fenster soll mein Licht scheinen?

Während dein großer Mythos der Fantasie entspringt, sind deine kleinen Mythen praktisch und einfach.

Was du mithilfe deines kleinen Mythos erschaffen kannst, ist ein Rahmen, der dich daran erinnert, welchem Bild du entsprechen möchtest. Wenn du also morgens erwachst, weißt du, warum du hier bist (großer Mythos), und bist dir gleichzeitig bewusst, worauf du dich an diesem Tag ausrichten wirst (kleiner Mythos).

Wenn dann die Ablenkungen des Tages auf dich einströmen, wirst du mehr Kraft haben, Entscheidungen zu treffen. Wann immer du dich fragst: »Sollte ich dieses oder jenes tun?«, denk an deinen kleinen Mythos. Was würde dein kleiner Mythos tun?

Als ich selbst beispielsweise vor vielen Jahren mit einem kleinen Mythos experimentierte, wählte ich »Autorin«. Zu jener Zeit war ich mehr in meinem Kopf als auf dem Papier eine Autorin. Ich verwendete den kleinen Mythos von »Ich bin eine Autorin«, damit er mir half, sowohl in das Gefühl der Rolle zu finden als auch ins Handeln zu kommen. Wenn ich mein imaginäres Autorinnen-Outfit anlegte, gab ich mir selbst den nötigen Antrieb, um Entscheidungen zu treffen, die mich darin unterstützten, etwas zu tun, was ich wirklich tun wollte, was jedoch immer unerreichbar erschien.

Nutze deinen kleinen Mythos als Weg, dein augenblickliches Lebensziel zu identifizieren, zu erschaffen und zu erfüllen. Dein kleiner Mythos wird sich im Lauf deines Lebens immer wieder ändern, weil du eine Zeit lang vielleicht Studentin bist, dann Mutter, Lehrerin oder Künstlerin. Du kannst auch mehrere kleine Mythen gleichzeitig haben. Stell einfach sicher, dass der kleine Mythos oder die kleinen Mythen, für die du dich entschieden hast, sich auf das beziehen, was du sein möchtest, nicht auf das, was du einmal gewesen bist. Dann wird dir dein kleiner Mythos helfen, alte, stagnierende Rollen abzulegen.

Und denk daran, du musst definieren, für was dein kleiner Mythos steht. Wenn du beispielsweise mit dem kleinen Mythos der Mutter experimentieren möchtest, heißt das nicht, dass du eine biologische Mutter sein musst. Was möchtest du bewusst »bemuttern«? Jemand fragte mich kürzlich: »Haben Sie Kinder?« Meine Antwort lautete: »Ich bin die Mutter mehrerer Bücher.« Dein Licht erstrahlen zu lassen bedeutet, voll zu deiner einzigartigen Kriegergöttinnen-Manifestation zu stehen. Dass du dich bewusst für einen kleinen Mythos entscheidest, kann dir helfen, deine Grenzen zu überwinden, deinen Raum zu beanspruchen und dich in eine Richtung zu bewegen, die deinem höchsten Wohl dient.

Als Kriegergöttin weißt du, dass sowohl der kleine als auch der große Mythos letztlich nur das sind, was sie eben sind: Mythen. Dein wirkliches Selbst ist viel, viel größer als alles, was in eine Geschichte gefasst werden kann.

Und darum geht es auf dem Weg der Kriegergöttin im Grunde immer: bewusst zu wählen, welche Mythen du erschaffen willst, statt die Geschichten zu akzeptieren, die für dich erschaffen werden.

Ich wünsche dir viel Spaß dabei! Mache dir keine Sorgen darum, ob du den perfekten kleinen Mythos erschaffen hast oder den kraftvollsten großen Mythos. Probiere sie einfach aus. Lege sie wieder ab. Versuche es mit anderen. Und denk immer daran: Du bist nicht dein großer oder kleiner Mythos. Du bist die Magie jenseits der Mythen, das Wunder des Lebens, das sich in einer Form manifestiert. Und die größte Transformation geschieht in der Sphäre des Mysteriums.

Anderen helfen, zur Heilung zu finden

Nachdem ich viele Gruppen zu den Pyramiden von Teotihuacán begleitet hatte, entwickelten eine Freundin und ich vor vielen Jahren die schöne Vision, eine Frauengruppe auf einer Pilgerreise nach Teotihuacán zu führen. Wir hatten die Absicht, uns mit den Ahninnen zu verbinden, die an diesem alten toltekischen Ort gelebt hatten, und uns für die Frage zu öffnen, wie wir der Menschheit dienen können.

Die Erfahrung, die uns am letzten Tag dieser Reise zuteilwurde, hoch oben auf der Spitze der majestätischen Pyramide der Sonne, verwandelte nicht nur unsere kleine Gruppe, sondern zog weite Kreise und heilte andere Menschen in ungeahnter Weise. Was an diesem Tag geschah, half uns allen, uns von alten Unsicherheiten zu befreien.

Auf unserem Weg die Pyramide hinauf hielten wir einen Moment an, segneten die vier Himmelsrichtungen und ließen Wasser und Maismehl als Opfer da, um die Ahnen und Schöpfer dieses heiligen Ortes zu ehren. Reine, wohltuende Stille und Gebete. Als wir die Pyramide weiter hinaufstiegen, fühlte sich jede von uns mehr und mehr eins und im Einklang mit dieser friedlichen Energie. An der Spitze angekommen, brachte mein Verstand mich aber mit Macht auf den Boden der Tatsachen zurück. »Oh. Massen von Menschen im Zentrum. Sonntag. Viel los. Wir müssen eine schnelle Zeremonie abhalten.«

Ich hatte schon früher einige Male die Erfahrung in Teotihuacán gemacht, dass die Besuchergruppen wütend reagierten, wenn wir das Zentrum für eine Zeremonie nutzten. Meist ignorierten die Besucher uns zwar, doch ich hielt an meiner Befürchtung »Die Leute werden sich aufregen« fest, weshalb ich mich mit der Zeremonie beeilen wollte.

Als wir uns dem Zentrum näherten, gab ein kleines Fenster den Blick auf die herankommenden Menschenmassen frei, und ich dachte: »Gut, wir werden die Zeremonie hier auf die Schnelle abhalten, und dann gehen wir an einen Ort, wo weniger Leute sind.« In der Vision, die ich früher am Tag erhalten hatte, hatte ich gesehen, dass Jill und ich uns gegenübersitzen und Diana und Kristi den inneren Kreis vollenden würden. Als wir vier uns niedersetzten, umringte uns bereits die Menschenmenge, die uns nicht wahrzunehmen schien. »Macht es euch nicht zu gemütlich«, sagte ich zu meinen Begleiterinnen, »wir werden nicht lange bleiben!«

Ich begann die Zeremonie, indem ich sagte: »Innerer Zirkel, schaut einander in die Augen. Äußerer Zirkel, haltet euch.« Wir nahmen drei tiefe Atemzüge, und ich fühlte, wie die Energie des inneren Zirkels sich schloss. Es schien, als ob die Zeit aufhörte vorwärtszufließen und sich in einem ewigen gegenwärtigen Moment auflöste. Obwohl ich diese erstaunliche Kraft und Energie fühlte, die aus dem inneren Zirkel strömte, beschäftigte mich die Frage, was außerhalb unserer Gruppe vor sich ging. Ich blickte kurz um mich, und Erleichterung und Freude breiteten sich in meinem Körper aus. Die Leute hatten uns neugierig und voller positiver Energie umringt, gänzlich offen für das, was wir taten. Wir wurden auf vollkommene Weise von Fremden unterstützt.

Meine Erwartungen und Ängste lösten sich noch mehr auf, als ich aufsah und Menschen erblickte, die Tränen in den Augen hatten, und andere, die ihre Arme erhoben hatten, als sie die Energie spürten, die wir erschufen. Ich lächelte Jill an und sagte zu der Gruppe: »Okay, ihr könnt es euch gemütlich machen. Wir werden eine Weile bleiben.« Als ich in die Stille unseres Kreises zurückkehrte und in Jills Augen blickte, fühlte ich, wie unser Zirkel enger wurde und tiefer in die elektrisierende Energie des Moments eintauchte.

Ich nahm uns als einen einzigen Organismus wahr, als reine, strömende Energie. Ich lud Diana und Kristi ein, den Kelch und das Wasser zu nehmen, die wir mitgebracht hatten. Es erschien, als ob der Kelch und das Wasser einfach in ihren Händen auftauchten; die Energie veränderte sich überhaupt nicht. Ich wusste, dass sich gerade etwas viel, viel Größeres vollzog. Instinktiv bot Diana den Kelch dar, und ihre Hände trafen sich, als Kristi das Wasser einschenkte und beide heilende Energie von Licht und Liebe aussandten.

»Nun biete es dem Himmel dar«, flüsterte ich, und sie erhoben den Kelch und ließen die Sonnenstrahlen in ihn fließen. Ich hatte das Gefühl, dass die Energie überall um uns ihre ganze Kraft entfaltet hatte und vom Boden der Pyramide hoch in den Kelch strömte und als ein Lichtstrahl vom Himmel kam. »Schütte ein wenig auf die Pyramide.« So viel Emotion und Freudentränen, als das Wasser über die Steine floss … Wir saßen noch eine Weile so da und badeten im Strahlen der Energie. Ich tauchte meine Finger in das Wasser und segnete jede Frau in unserem Zirkel, indem ich ihr drittes Auge mit Wasser betupfte.

Heute noch kommen mir die Tränen, wenn ich mich daran erinnere, was als Nächstes geschah. Eine Stimme in mir sagte: »Nun teile dies mit den Menschen.« Ich wandte mich an Diana und sagte: »Lass uns aufstehen und das Wasser mit allen hier teilen.« Sie begann die Menschenmenge zu segnen, und Frauen streckten ihre Hände nach ihr aus. Junge Mädchen hielten ihr ihren Schmuck entgegen, Mütter ihre Babys, damit sie sie segnete. Eine Japanerin bat um Segen und sammelte Wasser in ihren Händen für ihren Mann, der alles filmte. Ich ermutigte Kristi, ebenfalls aufzustehen, und weil ich sah, dass sie noch mehr Hilfe brauchten, stand auch ich auf.

Kleine Jungen, ältere Frauen, erwachsene Männer, alle kamen mit ausgestreckten Händen zu uns, respektvoll, ehrfürchtig, offen. Ich schöpfte wieder und wieder Wasser, goss es in die Hände der Menschen und berührte ihre Stirn. Frauen nahmen das Wasser aus meinen Händen und gaben es an ihre Kinder weiter. Eine Frau weinte und dankte uns immer wieder. Ein Mann fragte mich: »Was tut ihr da?« »Wir segnen das Wasser von Teotihuacán«, antwortete ich, und er nickte und sagte: »Danke.«

Ich trat aus dem Zirkel und beobachtete Diana und Kristi, die umringt von Menschen waren, unseren Frauenzirkel, der sich mit wohlwollenden Fremden vermengte. Dann war Kristi an meiner Seite und beobachtete auch, was geschah. »Nun gieße das Wasser auf die Pyramide«, flüsterte sie. Und einen Moment später kniete Diana nieder und leerte den Kelch. Als sie zu uns kam, schloss sich die Menge und versuchte, das Wasser zu berühren. Unser Zirkel versammelte sich, und Diana holte Blumen hervor, die wir für die Zeremonie mitgebracht hatten. Wir begannen, sie im Zirkel zu verteilen, und sofort kamen Leute herbei, um ihrerseits Opfer darzubieten. Die Fremden waren unsere neuen Freunde geworden. Mittlerweile versuchten aber so viele Menschen, das Wasser zu berühren, dass es uns nicht mehr möglich war, ein letztes Blumenopfer zum Zentrum der Pyramide zu bringen.

Wir umkreisten die Außenmauern der Pyramide und segneten jede Himmelsrichtung mit Wasser und unseren Blumen. An der zweiten Ecke stand ein Tourenführer mit zwei Besuchern, und einer von ihnen fragte: »Was tun sie da?« Der Tourenführer spottete: »Keine Ahnung, vermutlich wissen sie es selbst nicht.« Mein Herz öffnete sich bei diesem Satz. Ja! Wir wissen nicht, was wir tun! Und wir werden vollkommen dabei geführt.

Und diese Führung ist folgende: Als Kriegergöttinnen können wir dem Planeten und den Menschen Heilung bringen. Wir müssen tapfer sein, offen, vertrauensvoll und freigiebig. Wir müssen die alten Geschichten hinter uns lassen, die uns erzählen, dass wir damenhaft, harmlos und normal sein sollen, und die Ketten unserer Ängste lösen, um unsere Gaben zu teilen. Die Welt erwartet uns mit offenen Händen. Es ist Zeit, dass wir uns nicht mehr zurückziehen. Es ist Zeit, dass wir uns erheben, um allem zu dienen.

Sei die Frau, die du wirklich bist. Nicht die Frau, die du sein zu müssen glaubst, oder die Frau, die du der Meinung anderer zufolge sein solltest. Sieh in den Spiegel und begrüße die Kriegergöttin, die dir aus dem Spiegel entgegenblickt. Werde ihre beste Freundin. Unterstütze sie. Liebe sie. Und gib ihr den Raum, dass sie ihre Schwingen entfalten kann.

Wenn du dein Herz für dich selbst öffnest, für deine Eigenarten und alles andere, veränderst du die Welt. Wenn du die Neigung loslässt, anderen gefallen zu wollen – nur weil du glaubst, dass du das musst –, wenn du darauf verzichtest, dich in einen metaphorischen Schuh zu zwängen, der dir nicht passt – weil du akzeptiert werden möchtest –, kehrst du heim in dein wunderschönes Selbst. Und wenn du die kostbare Kriegergöttin, die du bist, umarmst, wünschst du dir natürlich, dass andere diese Wahrheit auch kennenlernen. Jeder Schritt in Richtung Heilung, den du tust, wie klein er auch sein mag, wird Kreise ziehen und der Heilung aller Menschen in deinem Umfeld dienen. Und jedes Mal, wenn du deine feurige Wildheit und sanfte Stille lebst, wenn du aus ganzem Herzen Ja oder mit aller Klarheit Nein sagst, wird sich das auf deine Umgebung positiv auswirken.

Die Welt braucht deine spezielle Art von Freundlichkeit und Liebe, deine Kraft, deine Spiritualität, deine Kreativität, deine liebenswürdige Albernheit, deine stille Präsenz, deine einzigartige Vision.

Jetzt bist du dran, Kriegergöttin – Heldin und Kämpferin für das Bewusstsein, Geliebte der Welt. Geh hinaus und zeig deine Kraft.

Epilog

Ich fand Gott in mir, und ich liebte sie …
Ich liebte sie heftig.

NTOZAKE SHANGE

Als ich an diesem Morgen aus einem Traum erwachte, dachte ich an dich. Ich stellte mir vor, dir gegenüberzusitzen, von Kriegergöttin zu Kriegergöttin, deine Hände in meinen zu halten, in deine Augen zu blicken und zu sagen: »Ich glaube an dich. Ich sehe deine Schönheit. Ich sehe deine Gaben. Ich habe Vertrauen in dich.«

Auch wenn ich dich nicht persönlich kenne, weiß ich, dass du liebenswert bist. Ich weiß, dass du ein Geschenk für die Menschheit bist. Und ich weiß, dass du möglicherweise jemanden brauchst, der dich unterstützt und für dich eintritt. Ich weiß, dass es Zeiten gibt, in denen du dich nicht so verdammt ernst nehmen solltest. Ich weiß ohne jeden Zweifel, dass du wichtig und wertvoll bist. Ich weiß, dass du ich bist, und ich bin du. Wir heilen, wachsen, lieben, fallen, stehen wieder auf. Wir sind Frauen. Wir sind eine Kraft, die die Welt verändern kann.

In meinem Traum erkennen alle Frauen ihren Wert, ihre Weisheit, die heilende Kraft ihres Lachens. Wir halten uns an den Händen – über Nationen, Religionen und Grenzen hinweg. Und wir strecken unsere Arme aus, um jedes Kind, jeden Mann, jedes Wesen, unabhängig von Geschlecht, Glaube oder Erfahrung, an die Hand zu nehmen. Wir weben ein Netz der Akzeptanz, des Respekts, der Liebe, der Vergebung.

Und dann machen wir uns an die Arbeit, um das Leben zu feiern, durch unsere Ängste zu tanzen und den frechen Funken zu nähren, der in jeder von uns glimmt.

Sei eine Kriegergöttin. Lebe die Kriegergöttinnen-Lektionen. Steh zu der Frau, die du bist. Stimme dich auf das Leben ein. Entrümple dein Selbst. Erde dich und lass deine Vergangenheit los. Befeuere deine Sexualität und Kreativität. Entdecke deine Stärke und aktiviere deinen Willen. Öffne dein Herz. Sprich deine Wahrheit. Lebe deine Weisheit. Finde deinen Weg. Und dann alles wieder von vorn.

Sage Ja zu dir selbst und lass den Nektar deines Ja aus dir heraus zu anderen überfließen, sodass sie ebenfalls zu ihrem einzigartigen, göttlichen Ja finden. Sei eine Inspiration. Sei du selbst.

Dank

Mein Leben ist gesegnet mit einer Fülle von Menschen, denen ich meine enorme Dankbarkeit ausdrücken möchte. Viele haben mich im Lauf der Jahre inspiriert, genährt und herausgefordert, eine Kriegergöttin zu werden. Einigen der »Familien«, deren Teil ich sein darf, möchte ich besonders danken:

Der Familie von Don Miguel Ruiz und seinem Team, meiner Herzensfamilie: Don Miguel Ruiz, Don Miguel Ruiz Jr., Susan Ruiz, Jose Luis Ruiz, Coco, Gaya, Raquel, Karla, Eva. Ihr seid unglaublich strahlende Lichter. Es gibt keine Worte für die Tiefe meines Danks, den ich für dich und deine Liebe empfinde, Don Miguel. Ein besonderes High-Five an all die toltekischen Lehrer, die mit mir zusammen Schülerinnen und Schüler von Don Miguel waren. Ich liebe euch alle.

Meinem unglaublichen Verleger Randy Davila und der Familie von Hierophant/Insight Events: Jacob Norby, Allison Jacobs, Kim Coley, Rachel Davila und meiner Lektorin Susie Pitzen. Randy, danke, dass du an mich geglaubt hast. Vor vielen Jahren habe ich um jemanden in der Verlagswelt gebetet, der mein Potenzial als Autorin erkennt und mich fördert, um es in die Welt zu bringen. Du hast dies und so viel mehr getan.

Der Familie des Kernteams von Toci – dem Toltec Center of Creative Intent: Diana Adkins, Mary Adams, Shiila Safer, Coral Nunnery, Monique Barrow, Ben Barrow, Dan Gauthier, Keely Hamilton, Keri Hummingbird und Mary Nicosia, ich liebe es, mit euch Toci wachsen zu sehen. Den Freunden, der toltekischen Familie und den Unterstützern von Dreizehn Monde: Lorri Rivers, Ceci Zuniga, Laura Toups, Deborah Williams, Walker Mencia, Jewel Lotus, Angela Murphy, Brenda Lee Gauthier, Diana Spicer, Tammy Shotwell, Kara Watson, Katherine Daniels, Nikko Bivens, September Scheldrup, Radha Bhrid Ghain, Sloan Christagau, Marilyn Brown, Maya Adjani, Yonatan Hoffman, Suzanne McBride, Stephanie Lowe, River Menks, Stephen Seigel, Karen Wecker, Jai Cross, Cindy McPherson, Kevin Flores, Trisha McWaters, RMaya Briel, Mark Kuhlman, River del Llano, Nikki Davis und Gabriel Haaland.

Dieser Dank würde einen Umfang von vielen Seiten haben, wenn ich alles mitteilen würde, was ich in meinem Herzen für jeden von euch empfinde – und für viele, die hier nicht genannt werden. Es gibt noch so viele Menschen in der Familie von Toci, und ich sende euch allen meinen liebevollen Dank dafür, dass ich Teil einer so wundervollen, traumhaften Gemeinschaft sein darf, mit der ich gemeinsam heilen kann.

An meinen Sundoor-Stamm: Peggy Dylan, danke für das kraftvolle Feuer deines Herzens, mit dem du so viele Menschen wärmst. Danke an Cindy Bond, Steve Brougher, Taya Stanley, Barbara Briner, Steve und Vicki Mulhearn sowie alle Feuerlauf-Lehrer und -Tänzer auf dem Planeten.

An meine Mitschöpfer des Wisdom/Ubiquity/Earth-Stamms und engen Freunde Judith Yost und Will Taegel: Ihr hört nicht auf, mich in Staunen zu versetzen. Danke an alle Lehrer und Schüler der Wisdom-Schule dafür, dass ihr Herz und Körper mit dem Intellekt vereinigt.

An meine Mentorinnen: Vicki Noble und Cerridwyn Fallingstar, meine ersten beiden Lehrerinnen, die in meinem Herzen ein Feuer für die Göttin entzündeten. An Ana Forrest und die Familie des Forrest Yoga, die mich auf bestmögliche Weise durch das Lehrertraining und darüber hinaus motivieren. An Janet Mills, die an mich glaubt und mich anleitet. Ich bin so glücklich, dass ich daran teilhaben darf, den Traum der »Vier Versprechen« mit euch und der Amber-Allen-Publishing-Familie wachsen zu lassen. An Gini Gentry, danke für dein heiliges Spiegeln und deinen Humor. Sarah Rose Marshank, danke für deine entschlossene Liebe und dafür, dass du so eine magische Schwester/Mentorin/Freundin bist. Audrey Lehmann, danke für unsere dauerhafte Freundschaft. Diana Adkins, danke für die erstaunliche, liebevolle Unterstützung, die du mir und Toci zuteilwerden lässt.

An meine Kernfamilie: meine Mutter, Maggie Gaudet, und meine Schwester, Christy Gaudet, ihr seid so wundervolle Cheerleader, die beste Familie, die ich haben kann! An T für die Bereitschaft, an meiner Seite zu stehen, mich zum Lachen zu bringen und genauso abenteuerlustig wie ich zu sein. Es gibt noch viele magische Kreationen in der Küche, im Garten und darüber hinaus. An meine Davis-Göttinnen-Schwestern-Familie: Autumn, Isis, Saurin, Heather, Aimee und Jesikah. Danke für eure bedingungslose Liebe. An meine Patenkinder Rowan, Nash, Kyra und Amara. Ihr schenkt meinem Herzen Hoffnung und Freude.

Schließlich danke ich allen Menschen, die im Lauf der Jahre Teil der Dreizehn-Monde-Zirkel rund um den Globus waren. Dieses Buch ist für euch und wurde von euch inspiriert. Und Dank an dich, liebe Leserin, dass du dieses Buch liest: Willkommen in der Kriegergöttinnen-Familie. Ich bin dankbar für deinen Mut, deine Bereitschaft und deine einzigartige Fabelhaftigkeit. Leuchte weiter!

Literaturempfehlungen

Es gibt so viele wundervolle, stärkende Bücher für Frauen. Hier findest du eine kleine Auswahl meiner Lieblingsautorinnen, deren Bücher den jeweiligen Kapiteln zugeordnet sind.

Einleitung

Riane Eisler: *Kelch & Schwert. Unsere Geschichte, unsere Zukunft. Weibliches und männliches Prinzip in der Geschichte.* Freiburg: Arbor 2005.

Merlin Stone: *Als Gott eine Frau war. Die Geschichte der Ur-Religion unserer Kulturen.* München: Goldmann 1991.

Erste Lektion: Steh zu der Frau, die du bist

Pema Chödrön: *Geh an die Orte, die du fürchtest.* Freiburg: Arbor 2007.

Ana T. Forrest: *Die Yoga-Kriegerin. Power für Körper und Seele mit Forrest Yoga.* Berlin: Allegria 2013.

Zweite Lektion: Lebe im Einklang mit dem, was ist

Martha Beck: *Das Polaris-Prinzip. Entdecke, wozu du bestimmt bist – und tue es!* München: Integral 2002.

Cheri Huber: *Nichts an dir ist verkehrt. Ungewöhnliche Wege zur Selbstakzeptanz.* München: Kösel 2004.

Starhawk: *Der Hexenkult als Ur-Religion der Großen Göttin. Magische Übungen, Rituale und Anrufungen.* München: Goldmann 1999.

Dritte Lektion: Reinige dein Selbst

Karen Kingston: *Feng-shui gegen das Gerümpel des Alltags.* Reinbek: Rowohlt 2000.

Vicki Noble: *Shakti. Die heilige Energie der Frau.* Düsseldorf und Zürich: Walter 1994.

Vierte Lektion: Erde dich und lass deine Vergangenheit los

Tara Brach: *Mit dem Herzen eines Buddha. Heilende Wege zu Selbstakzeptanz und Lebensfreude.* München: O.W. Barth 2013.

Julie Firman, Dorothy Firman: *Lieben, ohne festzuhalten. Töchter und Mütter.* Freiburg: Herder 1997.

Linda Schierse Leonard: *Töchter und Väter. Heilung einer verletzten Beziehung.* Frankfurt: Fischer 1994.

Fünfte Lektion: Befeuere deine Sexualität und Kreativität

Betty Dodson: *Sex for One. Die Lust am eigenen Körper.* München: Mosaik 1999.

Regena Thomashauer: *Mama Genas Schule der weiblichen Künste. The Power of Pleasure.* München: Trinity 2015.

Sechste Lektion: Entdecke deine Stärke und aktiviere deinen Willen

Marion Woodman: *Heilung und Erfüllung durch die Große Mutter.* Interlaken: Ansata 1988.

Sheryl Sandberg: *Lean In. Frauen und der Wille zum Erfolg.* Berlin: Ullstein 2015.

Siebte Lektion: Öffne dein Herz

Judith Blackstone: *Dünne Haut. Ein Handbuch für spirituell sensible Menschen.* Freiburg: Arbor 2015.

Sharon Salzberg: *Ein Herz so weit wie die Welt. Buddhistische Achtsamkeitsmeditation als Weg zu Weisheit, Liebe und Mitgefühl.* München: Deutscher Taschenbuch Verlag 2002.

Marci Shimoff, Carol Kline: *Glücklich ohne Grund! In 7 Schritten das Glück entdecken, das längst in Ihnen steckt.* München: Mosaik 2008.

Achte Lektion: Sprich deine Wahrheit

Brené Brown: *Verletzlichkeit macht stark: Wie wir unsere Schutzmechanismen aufgeben und innerlich reich werden.* München: Kailash 2013.

Diane Musho Hamilton: *Eine gute Lösung finden. Neue Wege der Konfliktbewältigung durch Zen.* Bielefeld: Theseus 2015.

Harriet Lerner: *Wohin mit meiner Wut? Neue Beziehungsmuster für Frauen.* Frankfurt: Fischer 2001.

Neunte Lektion: Lebe deine Weisheit

Carol Adrienne: *Erkenntnis und Zufall. Den Sinn des Lebens finden.* München: Heyne 2001.

Mona Lisa Schulz: *Intuition – Die andere Art des Wissens. Wie wir die Körper-Seele für Erkenntnis und Heilung aktivieren können.* München: Goldmann 2000.

Zehnte Lektion: Finde deinen Weg

Angeles Arrien: *Der vierfache Weg. Den inneren Krieger, Heiler, Seher und Lehrer entwickeln*. Bielefeld: Lüchow 2013.

Jean Houston: *Der mögliche Mensch. Handbuch zur Entwicklung des menschlichen Potenzials*. Reinbek: Rowohlt 1991.

Kontakt und Ressourcen

In englischer Sprache findest du weitere Informationen, Webadressen, Bonusmaterial und Zugang zum weltweiten Zirkel des *Warrior Goddess Trainings* auf der Webseite:
www.warriorgoddess.com

Tägliche Inspiration kannst du auf der Facebook-Seite erhalten:
www.facebook.com/warriorgoddesswomen

Informationen über Workshops, Retreats und weitere Events findest du auf meiner Webseite:
www.heatherashamara.com

Über die Autorin:

HeatherAsh Amara

wuchs in Südostasien auf und bereiste von Kindesbeinen an die ganze Welt, fasziniert von der Weisheit der unterschiedlichsten Kulturen. Mit Anfang 20 wurde sie Schülerin des bekannten Schamanen Don Miguel Ruiz, mit dem sie heute noch zusammen lehrt. Ihre Bücher, die in den USA zu Bestsellern avancierten und in viele Sprachen übersetzt wurden, schöpfen aus den Weisheiten des toltekischen und europäischen Schamanismus ebenso wie aus der buddhistischen und indianischen Tradition.

Weitere Informationen unter www.heatherashamara.com.